사람 생각

Think People

이강호 글로벌 CEO가 들려주는 인생·경영의 지혜와 통찰

Think
사람 생각

이강호 지음

People

블루페가수스

사람 생각
Think People

초판 1쇄 발행 2019년 1월 10일
초판 5쇄 발행 2021년 11월 8일

지은이 이강호
펴낸이 조자경
펴낸곳 도서출판 블루페가수스

책임편집 최서윤
디자인 데시그
마케팅 천정한

출판등록 2017년 11월 23일(제2017-000140호)
주소 07327 서울시 영등포구 여의나루로71 동화빌딩 1607호
전화 02)780-1222 **주문팩스** 02)6008-5346 **이메일** hanna126@hanmail.net

ⓒ 2019 이강호

ISBN 979-11-89830-00-7 03320

• 책값은 뒤표지에 있습니다.
• 잘못된 책이나 파손된 책은 구입하신 서점에서 바꾸어드립니다.

인생도 경영도,
그 중심에는 사람이 있다

세계는 국가나 민족, 인종의 경계를 넘어 글로벌하게 확장되었다.
정보통신기술의 발달로 전 세계가 하나로 연결되어 있으니 시간과
공간의 제약도, 지식의 경계도 무색하다. 이는 2000여 년 전, 중국의
철학자 장자가 〈추수편〉에서 이야기한 것과도 일맥상통한다. 그는
우물 안의 개구리에게 바다에 대해 말할 수 없고, 여름 벌레에게 얼
음에 대해 말할 수 없고, 편협한 선비에게 도(道)에 대해 말할 수 없
다고 했다. 이는 공간, 시간, 지식의 경계에 구속되어 있는 어리석음
을 깨우치는 경구다.

초연결 시대에 살면서 기업과 국가를 경영하는 지금, 우리는 다시
근원적인 질문을 하게 된다. "나는 누구인가?", "어떻게 살 것인가?",
"어디로 가야 하는가?", "어떻게 하면 내가 원하는 목표나 목적지에

도달할 수 있는가?", "개인의 육체적·정신적 장수Longevity, 그리고 지속가능경영을 통한 기업과 국가의 장수는 어떻게 이룰 수 있는가?"

이러한 질문에 대한 답은 사람People에게서 찾을 수 있으며, 사람을 생각하는 것Think People에서 시작된다.

세계적인 기업들은 경영의 중심에 사람을 놓는다

지난 37년 동안 글로벌 기업, 한국 기업, 뉴욕 현지법인 등의 대표이사 CEO로 일하면서 경제적인 호황과 위기의 시대를 두루 경험했다. 그 과정에서 깨달은 것은 세계적인 기업들의 경우, 그 중심에 사람이 있음을 잊지 않는다는 것이다. 나 역시 멈추지 않고 나아갈 수 있었던 힘의 바탕에는 늘 사람이 있었다.

그러나 모든 기업이 그런 것은 아니다. 많은 기업들이 제품의 연구개발비에 투자하는 것에 비해 사람에게 투자하는 것에는 인색하다. 기업을 구성하고 경영하는 주체도, 기업이 상대하는 고객도, 기업이 유지되는 이유와 목적도 그 근원에는 사람이 있는데 말이다.

최근 시애틀을 방문해 획기적으로 성장을 도모하고 있는 아마존Amazon과 4년 전 새로운 CEO를 발탁해 침체되어가던 기업을 새롭고침 전략으로 활성화시키고 있는 마이크로소프트Microsoft의 세계 본부를 찾았다. 또한 세계 최대의 항공기 제작업체인 보잉Boeing을 방문해 생산 중인 비행기의 제작 과정을 보았을 뿐 아니라 직접 기체를 만져볼 수 있었다. 스타벅스Starbucks를 방문해서는 글로벌 마케팅 전략을 토의했다.

아마존은 시애틀의 중심가에 세계 본부를 확장하고 있었는데, 종업원들을 위해 '스피어스The Spheres'라는 도심 속의 공원을 만들어 제공했다. 심지어 남미 아마존의 식물도 가져와서 심었다고 한다. 그 바로 옆에서는 '아마존 고Amazon Go'라는 마트를 운영하고 있는데, 계산원 없이 자동으로 결제되는 최첨단 운영 시스템을 가동하고 있었다.

이 기업들은 자신의 회사를 소개할 때 매출이나 가시적 지표들을 토대로 성과를 자랑하지 않았다. 경영이념과 철학, 리더십의 원칙 등을 강조했다. 아마존은 리더십 원칙Leadership Principle을 계속 강조했고, 마이크로소프트는 새로운 경영이념Mission을 소개했으며, 스타벅스는 고객관계Customer Relationship를 설명했다. 각기 다른 업종과 특성을 지닌 기업들이었지만, 사람을 중심에 둔다는 공통점을 발견할 수 있었다.

사람 생각 Think People, 사람의 소중함에 대한 사람의 생각

세계적인 기업 IBM의 창업주 토머스 왓슨은 1924년 '생각하라! Think!'를 회사의 슬로건으로 채택하며, 이를 경영의 원칙으로 삼았다. 한 세일즈 미팅에서 왓슨은 그들 모두가 겪는 문제는 '충분히 생각하지 않기 때문'이라고 강조했다. 그리고 사람들은 발에 의해서 행해진 일에 대해 보상받는 것이 아니고 머리에 의해 행해진 일에 대해 보상받는다고 강조했다. 이 슬로건을 내세운 이후 IBM의 주가는 100년간 40만 배가 상승했다.

한편 스티브 잡스가 애플로 복귀하면서 내건 슬로건 'Think Different'는 IBM의 'Think'에 대응해서 나온 것으로 알려져 있다. '마케팅의 본질'이라는 제목의 유튜브 동영상에서 스티브 잡스가 연설한 캠페인의 주제는 다름 아닌 '다르게 생각하라Think Different'였다. 그는 그 영상에서 남들과 다르게 생각하여 이 세상을 진보시킨 사람들에게 경의를 표하면서, 바로 그것이 애플의 본질이고 영적 정체성임을 확고히 했다.

나는 전문경영인 CEO로 33년을 보내고, 4년 전에 새로운 회사를 창업해 인생 2막을 열었다. 내가 창업한 회사는 IBM이나 애플과 비교도 되지 않을 만큼 작은 기업이지만 생각만큼은 그들보다 더 크게 하고 싶었다. 이 세상에서 가장 중요한 존재인 사람에 관하여 생각하고 연구하고 싶었다. 그래서 창업한 회사의 목적Purpose과 사명Mission이 인성경영을 바탕으로 한 '사람 생각Think People'이다.

CEO로 기업을 경영하면서 늘상 '사람의 소중함'에 대해 생각해 왔다. 그 결과 기업이나 조직은 구성원 개개인들이 자기 삶에 만족하고 행복해져야 생산성 향상으로 이어지며, 탁월한 팀워크를 형성할 수 있음을 알았다. 그러기 위해서는 사람의 소중함에 대한 가치 공유, 인재 경영과 활용, 잠재력의 개발, 각각의 직무에서 요구되는 인성과 인지능력에 대한 이해가 기본이 되어야 한다.

즉, 사람에 대한 이해와 사랑이 기본이 될 때 올바른 리더십이 힘을 발휘하고, 기업은 지속가능한 경영을 할 수 있다. 장수 CEO도 장수 기업도 핵심 동력은 결국 사람이다.

작지만 소중한 깨달음을 나누고 싶다

《사람 생각》에는 37년간 경영자로 살아온 내 삶과 경영의 이야기가 들어 있다. 글로벌 무대에 도전하고 부딪치며 직접 체득한 것들뿐 아니라, 다른 사람이나 기업의 사례 혹은 책이나 고대 선인들로부터 얻은 깨달음도 담겨 있다. 오랜 시간 시행착오를 겪으며 얻은 지혜, 다른 이들로부터 얻은 통찰을 더 많은 이들과 나누고 싶어 이 책을 썼다.

설레는 가슴으로 인생의 도전 앞에 선 20~30대, 사회생활을 하며 지금 서 있는 자리에서 한 단계 더 도약하려는 직장인, 리더나 경영자를 꿈꾸는 이들, 그리고 글로벌 무대에 도전하려는 모든 사람들에게 이 책이 작은 이정표가 되기를 바란다.

뉴욕행 비행기 안에서

이강호

차례

chapter 1 **생각**
먼저 생각의 프레임을 바꾸어라

chapter 6 장수 CEO

장수 CEO는 어떻게 만들어지는가

생각

chapter 1

먼저 생각의 프레임을 바꾸어라

시선을 바꾸면 풍경이 달라지듯,
생각의 프레임을 바꾸면
세상의 모든 일이 다르게 다가온다.
열린 태도로 외부의 변화와 자극을 수용하되,
나만의 관점과 단단한 내면을 가져야 한다.
이 둘이 조화를 이루는 사람이야말로
인생의 주인공이다.

나는
내 인생의
주인공인가

"나는 내 인생의 주인공인가? 그동안 주인공으로 살아왔으며, 앞으로도 주인공으로 살아갈 것인가?"

몇 년 전 고려대학교 인촌기념관 강당에서 '글로벌 시대, 어떻게 살 것인가?'라는 주제의 강연을 할 때 강조했던 부분이다. 보통 사람들은 인생을 살아가며 항상 행복하길 원하고, 성공적인 삶을 누리기를 기대한다.

행복은 자신의 내면에서 만들어진다

행복과 성공의 기준은 모든 사람들의 가치관에 따라 달라질 것이다. 가장 중요한 성공은 본인의 내면에서 만들어진 '주인공 의식'을 갖고 생활하는 데서 시작된다고 생각한다. '주인공 의식'이란 '자기 자신의 의지와 판단에 따라 행동하는 정신'이며 얼마나 주도적으로 자신의 삶을 꾸려가느냐에 따라 만들어진다. 남의 시선을 지나치게 의식하거나, 남과 비교하거나, 또는 남을 모방해서는 내 삶의 주인 공으로 살 수 없다.

중요한 것은 자신의 마음속에서 우러나오는 느낌과 판단이다. 이렇게 내면에서 우러난 행복이야말로 진정한 행복이며 성공이다. 자기를 수양하고 다스리기 위한 중요한 교훈은 '신독(愼獨)'의 개념에서 얻을 수 있다. '신독'은 동양고전《중용(中庸)》과《대학(大學)》에 의하면 '홀로 있을 때 삼가고 스스로 경계한다'는 뜻이다. 남이 있을 때는 잘 하다가 혼자 있을 때는 적당히 한다면 내면에서 우러나는 행복을 느낄 수 없을 것이다.

부정행위로 좋은 성적을 받았다거나, 골프에서 규칙을 어기고 좋은 스코어를 올렸다고 해보자. 정정당당하지 못 하게 얻은 성과가 진정한 행복을 줄 리 없다. 성적이나 스코어가 조금 못 미치더라도 정정당당하게 자기 자신의 능력만큼 최선을 다 했을 때 진정한 행복을 얻을 수 있다. 얼핏 보면 아주 사소하고 쉬운 일 같지만 상황에 따라서 자기의 소신과 중심을 갖고 자기 인생의 주인공으로 행동하고 살아간다는 것은 결코 쉬운 일이 아니다.

주인공 의식은 어린 시절부터 가정이나 학교에서 교육된 자긍심에서 점진적으로 발전될 수 있다. 주인공 의식은 극한 상황 속에서도 여유를 갖게 한다. 경제적이고 사회적인 지위나 시간과 공간적인 제한을 넘어서는 진정한 자유를 추구하게 하고 진정한 행복을 얻게 해준다. 무엇보다 기업이나 사회와 국가를 위하여 큰일을 할 수 있는 미래의 큰 인물들을 탄생케 하는 기본적 바탕이 되기도 한다.

자기 삶의 주인공이 되어 사는 사람들은 자신이 행사하는 권리만큼 책임이 수반되는 문화를 받아들인다. 나와 내 삶, 나의 가치관이 소중한 만큼 타인의 그것 또한 존중하고 배려함으로써 성숙한 자세로 살아간다.

내면이 단단한 사람은 흔들리지 않는다

우리나라는 세계 역사상 유례가 없는 기록적인 경제성장을 해왔고, 그 결과 1인당 GDP가 3만 달러를 넘어섰다. 도로, 공항, 항만 등의 인프라나 도시의 주거환경 등이 잘사는 나라의 반열에 도달했음에도 여전히 많은 사람들이 행복하지 않다고 이야기한다.

행복의 기준을 물질적 풍요나 사회적 지위의 성취 등으로 본다면 그것은 영원히 채울 수 없다. 계속해서 부를 쌓아도 더 큰 부자가 있고, 부지런히 성공의 사다리를 타고 올라가도 더 높은 곳이 있기 때문이다. 기하급수적으로 커지는 욕망은 아무리 채워도 갈증을 느끼기 때문에 무엇으로도 행복해지기 어렵다.

행복에 관해《논어(論語)》의 내용을 정리하는 철학 교수의 강의를 들으며 마음속에 와 닿는 느낌이 있었다.

공자는 인간의 진실된 마음을 중시했다. 허위를 증오하고 바탕의 정직을 숭상해 이렇게 말했다. "인간이 태어날 때의 모습은 정직(直, 솔직)이다(人之生也直, 인지생야직). 허위의 삶은 용케 화를 면한 경우일 뿐이다(罔之生也 幸而免, 망지생야 행이면)." 정직이란 안으로 자기 자신을 속이지 않고, 밖으로 남을 기만하지 않고 심중의 좋고 싫음을 사실 그대로 나타내는 것을 말한다. 직(直)은 원천적인 순수한 생명력으로서 마음속에서 우러나온다는 말이고, 자기 마음으로부터 만족한다는 뜻이다.

이 내용을 살펴보면 행복은 결국 직(直)으로부터 시작됨을 알 수있다. 직(直)을 마음의 바탕으로 삼는다면, 우리도 인생의 주인공으로 살아갈 수 있다. 국민 개개인이 자기 인생의 주인공으로 사는 나라는 행복지수가 높은 나라가 되고, 결국에는 모두가 평안하고 즐거운 삶을 누리게 된다.

덴마크는 매년마다 행복지수로 세계 상위권을 차지하는 나라다. 덴마크와 30년간 인연을 맺어오며 50회가 넘게 방문하고 사람들을 만나면서 그들의 행복지수가 높은 이유가 궁금했다. 그래서 그 이유를 분석해보았다.

첫째, 덴마크 사람들은 개개인이 기본적으로 대단히 정직하다. 개인적인 직(直)을 바탕으로 자기 스스로가 인생의 주인공이 되어서 자기가 하고 싶은 일을 하고, 자기가 원하는 방향으로 인생을 살아간다.

둘째, 사회 시스템이 매우 투명하게 운영된다. 덴마크는 안데르센 동화의 나라답게 그림같이 아름다운 나라다. 풍광도 아름답고 사람들도 순박하여 마음 씀씀이도 넉넉하다. 봄에는 노란 유채꽃이 들녘을 수채화처럼 색칠하고, 여름이 되면 백야 현상이 있을 정도로 낮이 길고 푸른 숲이 펼쳐져서 굉장히 아름답다.

그러나 이렇게 아름다운 나라도 옛날에는 서쪽에서 거센 바람이 불어왔고, 천연 자원이 거의 없는 아주 척박한 환경의 나라였다. 지구의 북쪽에 위치해 있다 보니, 겨울이면 밤이 길고 낮에도 어둠침침한 날씨가 계속된다. 그럼에도 달가스나 그룬디히 목사처럼 훌륭한 계몽가들에 의해서 국민이 합심하여 지금과 같이 아름다운 나라로 만들었고, 사회 시스템도 정직하고 투명하게 이룩해왔다.

덴마크의 수도 코펜하겐은 대도시지만 수많은 사람들이 자전거를 타고 다닌다. 심지어는 장관이나 국회의원들도 자전거로 출퇴근을 한다. 그리고 우리나라보다도 1인당 국민소득이 훨씬 높은데도 검소한 삶을 지향하며, 행복으로 부유한 나라를 이루어가고 있다.

나 자신이 진정으로 원하는 삶이 무엇인지를 생각해보는 것은 어떨까? 그리고 행복을 규정하는 생각의 프레임을 바꿔보는 것이다. 시선을 바꾸면 풍경이 달라지는 법이다. 외부에서 오는 행복은 언제든 사라질 수 있으나, 자기 내면에서 생성되는 행복은 절대 사라지지 않는다. 내면이 단단한 사람은 흔들리지 않으며, 자기 인생의 주도권을 잃지 않는다. 그런 사람이야말로 인생의 주인공이다.

매일 아침은
또 하나의
새로운 시작이다

매년 해가 바뀔 때면 사람들은 새해의 첫 태양이 떠오르는 것을 보기 위해 바다로 산으로 간다.

영국의 수도 런던에서 기차를 타고 남쪽으로 2시간 남짓을 달리면 프랑스를 마주한 도버해협의 해변 도시 브라이턴이 나온다. 거기서 서쪽으로 조금 더 가면 랜싱이라는 작은 마을이 나타난다. 이곳에는 200여 년의 역사를 자랑하는 랜싱 칼리지의 그림처럼 아름다운 캠퍼스가 있다.

오래 전 이 학교의 교장실을 방문한 적이 있다. 그때 복도에 걸려 있는 인상적인 포스터가 눈에 띄었다. 바다 위로 이글거리며 힘차게 떠오르는 붉은 태양을 배경으로 '매일 아침은 또 하나의 새로운 시작이다Every Dawn is a New Beginning!'라는 문구가 쓰여 있었다. 이 글귀와 배경 사진을 잊지 않으려고 수첩에 기록하고 몇 번이나 중얼거리며 되뇌었던 기억이 난다.

긍정 에너지가 넘치는 사람들의 아침은 활기차다

매일 아침 출근하며 지하철역 출구로 쏟아져 나오는 사람들의 표정을 살피곤 한다. 밝고 행복한 표정, 시무룩한 얼굴과 초점 없는 눈빛, 힘찬 걸음걸이와 힘없는 발걸음…. 정말 각양각색의 몸짓과 표정을 마주할 수 있다. 그런데 활기차고 긍정적인 몸짓과 행복한 표정을 한 사람은 채 10퍼센트가 되지 않는 것 같아 늘 안타까움을 느낀다.

사람들을 만나다 보면 유독 주변 사람들의 마음을 끌어당기는 매력적인 사람들이 있다. 그런 이들은 대체로 얼굴이 밝고 활기가 넘치며, 좋은 기운을 전염시켜 상대방에게도 긍정의 에너지를 준다. 또 사고방식이나 행동에서 타의 모범이 될 만한 존경스러운 사람들이 있다. 이런 이들은 당연히 자주 만나고 싶고 만날 때마다 늘 무언가를 배우게 된다.

사업을 크게 일으킨 사업가를 만나면 활기찬 긍정의 에너지, 어떤 어려움에도 굴복하지 않는 도전 정신의 기운을 받는다. 지식인을 만나면 많은 연구와 독서로 깊어진 지혜에서 나오는 대화의 매력에 흠뻑 빠진다. 오랜 기간 동안 국민들이 사랑하는 탤런트를 만나면 창의성과 예술성이 담긴 아름다운 대화에 매료된다. 최고의 야구 선수에게서는 계속되는 육체 훈련을 소화하고 남보다 더 많은 양의 연습을 하는 근면성, 수많은 유혹에서 자신을 지키는 자기 절제 능력을 배운다.

이처럼 타인에게 긍정의 에너지를 주는, 남다른 활력을 지닌 사람들의 아침은 어떨까? 그들은 대체로 매일의 아침을 활기차게 시작할 것이다. 하루의 시작이 활기차지 않은 사람이 인생 전체를 활기차게 살기란 어려운 법이다.

오늘 아침이 인생 전체를 좌우할지 모른다

수많은 사람이 새로운 하루를 맞는다. 알람 소리에 눈을 비비며 일어나 출근을 서두르는 직장인, 모두가 잠들어 있는 고요한 시간에 새벽을 여는 어시장이나 청과시장의 상인들, 아이들의 등교를 위해 아침을 준비하는 어머니, 마을버스나 전철에 몸을 싣고 학교로 향하는 학생, 새벽부터 논과 밭으로 나가는 농부, 아침 출근길에 혼잡한 교통 상황을 뚫고 손님들을 태워 나르는 택시와 버스 기사, 기상나팔 소리에 침상을 박차고 일어나 아침 점호에 임하는 군인, 캄캄한 새벽부터 시내를 청소하는 환경미화원….

이 모든 사람에게 아침은 오늘도 내일도 어김없이 찾아온다. 아침은 부유하거나 가난하거나, 부지런하거나 게으르거나, 학식·권력·명예가 있거나 없거나를 가리지 않는다. 어디에 살거나 누구에게나 공평하게 되풀이된다.

누구에게나 똑같이 오는 아침을 어떻게 맞이하느냐에 따라 우리의 삶은 달라질 수 있다. 불행한 마음가짐으로 하루를 시작한 이에게 그 하루는 불행할 것이다. 그런 하루가 한 달이 되고, 1년이 되고, 그것이 겹겹이 쌓이면 그에게는 평생이 불행하다. 반면 매일 아침을 웃는 마음가짐으로 맞은 사람에겐 하루가, 한 달이, 1년이 웃는 삶이 된다.

얼핏 보면 아침은 평범하게 반복되는 것 같지만, 생각을 달리 해보면 늘 새롭게 주어지는 하루하루는 참으로 고마운 기회다. 이 기회를 어떻게 맞느냐에 따라 인생 전체의 그림은 엄청난 차이를 만들 것이 분명하다.

매일 맞는 이 소중한 아침에 《중용》에서 이야기하는 기천(己千)의 정신을 되새겨보면 어떨까? "다른 사람이 한 번에 그 일을 해내면 나는 백 번에 해낼 것이며(人一能之 己百之, 인일능지 기백지), 다른 사람이 열 번 만에 그 일을 해내면 나는 천 번에 해낼 것이다(人十能之 己千之, 인십능지 기천지)"라는 구절이다. 이런 마음가짐으로 매일 아침을 맞는다면, 하루 하루가 무척 소중할 것이다.

매일 아침은 또 하나의 새로운 시작이다. 순간이 모여 영겁의 시간을 이루듯, 하루하루 반복되는 삶이 모여 인생을 이루지 않는가. 오늘도, 내일도, 모레도 어김없이 찾아올 평범한 새벽과 아침을 어떻게 맞이할 것인가? 랜싱 칼리지의 글귀와 이글거리며 솟구쳐 오르는 태양의 모습에서 답을 찾아보자.

'무엇'을 하는지보다 '왜' 하는지가 중요하다

많은 사람들이 과정보다는 결과에, 이유보다는 당위에 집중한다. 성과에 집착하기 때문이다. 그러다 보니 남들이 좋다고 하는 곳으로 떠밀려 가는 경우가 많다. 간혹은 열심히 달려가면서도 정작 어떤 목적지를 향해 가는지, 왜 그곳으로 가는지 이유조차 모른다. 길을 잃지 않으려면 먼저 목적지가 분명해야 하며, '왜' 그곳으로 가고자 하는지 그 이유를 알고 있어야 한다.

나는 누구이며 어떻게 살 것인가

《나는 왜 이 일을 하는가Find Your Why》의 저자 사이먼 시넥의 테드

TED 강연은 어떻게 살아가야 할지에 대해 훌륭한 영감을 준다. 그의 이야기를 간단하게 정리하면 다음과 같다.

"세계의 모든 훌륭하고 영감을 주는 리더와 단체들은 남과는 다른 성과를 이뤘습니다. 애플이든, 마틴 루터 킹이든, 혹은 라이트 형제든 간에 모두 같은 방식으로 생각하고Think, 행동하고Act, 소통Communicate합니다. 그것은 일반적인 사람들이 하는 것과는 완전히 정반대지요. 그들은 '왜Why? 어떻게How? 무엇을What?'이라는 핵심을 잊지 않습니다. 자기만의 목적과 신념을 명확히 알고 있는 것입니다."

그는 이것을 골든 서클Golden Circle이라는 패턴으로 소개했다. "지구상의 모든 개인과 단체는 그들이 무슨 일What을 하는지 100퍼센트 잘 알고 있다. 그리고 몇몇은 자신이 어떻게How 하는지 알고 있다. 하지만 아주 극소수의 사람 혹은 단체들만이 자신이 왜Why 그 일을 하는지 알고 있다."

여기서 '왜?'라는 건 목적Purpose이 무엇이며, 이유Cause가 무엇인지, 그리고 어떤 신념Belief을 갖고 있는지를 의미한다. 단순하게 말해 끊임없이 자신에게 질문을 함으로써 자신이 원하는 것, 자신이 가치 있다고 여기는 것을 명확히 해야 한다는 것이다. 그러면 막연히 남들이 가는 길을 뒤쫓아 가거나 목적지를 모르는 채 우왕좌왕할 일이 없다.

나는 경력사원이나 임원을 채용할 때마다 이렇게 묻는다. "왜 우리 회사에 오려고 하죠?", "당신을 우리 회사에서 채용해야 하는 이유는 뭐죠?" 이 질문에 제대로 대답하는 사람은 거의 없었다. 직장이 필요하다는 것만 염두에 둘 뿐, 자기의 신념이나 목적을 스스로도 잘 알지 못하기 때문이다.

"나는 누구인가?", "삶에서 가장 소중한 것은 무엇인가?", "어떻게 원하는 것을 이룰 것인가?", "왜 일하는가?", "왜 그 회사여야 하는가?" 시간을 내어 자신에게 물어보자.

'왜'라는 질문이 가져올 수 있는 변화

목적과 이유, 그리고 신념은 개인뿐만 아니라 지속가능경영을 원하는 경영자에게도 절대적으로 필요한 요소들이다. 나는 매년 세계적인 글로벌 기업의 세계 본부를 방문하여 그들의 경영전략과 시장의 흐름을 벤치마킹하고 있다.

세계 시장을 선도하는 글로벌 기업들의 공통점은 회사의 경영이념 즉, 미션과 비전Mission & Vision에 대한 설명에 많은 시간을 할애한다는 것이다. 왜 사업을 하는지 그리고 어떤 사업 목적을 향해 가고 있는지에 대한 명확한 방향성을 중요시 여기기 때문이다. 나아가 자신들의 신념을 전 세계와 호흡하려 노력한다.

마이크로소프트를 방문해 좋은 사례를 학습하고 토론할 수 있었다. 마이크로소프트는 빌 게이츠가 창업한 이후 여러 분야에서 성공을 거두었지만 한동안 뒤처지는 분위기였다. PC 판매는 정체되었고 모바일 부분은 상당히 뒤떨어졌다. 검색 부문에서 밀렸고 게임 분야에서는 재도약이 필요했다. 변화가 절실한 시기에 2대 CEO 스티브 발머에 이어 2014년, 3대 CEO로 사티아 나델라가 취임했다.

그가 최근 저술한 책《히트 리프레시 Hit Refresh》를 보면 다시금 마이크로소프트가 예전의 영광을 되찾으며 부상하는 이유를 알 수 있다. 나델라는 "내가 존재하는 이유는 무엇인가?", "우리 조직이 존재하는 이유는 무엇인가?", "우리가 사는 세상에서 다국적 기업의 역할은 무엇인가?", "기술이 중요한 성장 요인인 시대에 디지털 기술 분야에 종사하는 리더는 어떤 역할을 해야 할까?"라는 핵심 질문을 잊지 않는다.

그는 그 과정에서 문제점을 찾아냈고, 그것을 극복하기 위한 대안으로 회사의 사명 Mission 을 '새로고침'해야 할 필요성을 강조하고 있다.

빌 게이츠가 마이크로소프트를 창업하던 당시의 첫 번째 사명 Mission 은 '모든 책상과 모든 가정에 컴퓨터를! A PC on Every Desk and in Every Home'이었다. 그러나 시대가 달라진 지금 사명 역시 달라져야 한다. 책의 제목 '히트 리프레시'는 인터넷 웹 페이지의 '새로고침'에서 영감을 얻었다. 모든 것을 지우고 새로 시작하는 것이 아닌, 핵심은 그대로 두되 새로운 내용들을 업데이트하는 것이 새로고침이다. 일단 관성에 휩쓸리지 않아야 한다. 그리고 무엇을 할 것인가가 아닌 왜 할 것인가에 포커싱함으로써 얻을 수 있는 변화다.

이는 사이먼 시넥의 이야기와 일맥상통한다.

"목표는 우리가 갖고 있는 것을 필요로 하는 사람들에게 파는 것이 아니다. 우리가 믿는 것, 즉 우리의 신념을 믿는 사람에게 파는 것이다. 고용의 목표는 단지 직업을 필요로 하는 사람들을 고용하는 것이 아니라, 당신이 믿는 것을 믿는 사람들을 고용하는 것이다. 단지 그 일을 할 수 있어서 누군가를 고용했다면, 그들은 그저 돈을 위해 일할 것이다. 하지만 당신이 믿는 것을 믿는 사람들을 고용한다면, 그들은 당신을 위해 열정과 성의와 땀으로 헌신할 것이다."

'무엇'을 하는지보다 '왜' 하는지가 중요한 이유다.

천둥 같은 질문,
왜 최선을 다하지
않았는가

인생을 어떻게 살았는가에 대한 평가는 종종 역사 속 유명인사들의 묘비 문구로 은유되곤 한다.

1925년 노벨상을 받았으며 아일랜드의 극작가 겸 소설가이자 수필가인 조지 버나드 쇼의 묘비 문구는 그래서 더욱 유명하다. 영문 그대로 옮기면 "I knew if I stayed around long enough, something like this would happen!"이고, 의역하면 "우물쭈물하다가 이렇게 끝날 줄 알았다"이다.

짧지만 깊은 깨달음을 주는 말이다. 오늘 할 일을 내일로 미루고, 마음으로만 생각하다 실천하지 못하는 일이 얼마나 많은가? 우물쭈물 머뭇거리다 사라져버린 기회는 또 얼마나 많은가? 반대로 먼 후일 인생을 정리할 때 최선을 다하여 후회 없는 삶을 살았다면 얼마나 값지고 멋진 인생일까?

최선을 다하는 삶은 아름답다

오래 전에 지미 카터 전 미국 대통령의 자서전 《Why Not the Best?》를 읽었다. 그 책에 담긴 카터 대통령의 삶이 주는 교훈은 아직도 뇌리에 남아 평소 생활을 점검케 하고, 최선을 다하는 삶의 원동력이 되고 있다.

이 책은 지미 카터가 미국 해군사관학교를 우수한 성적으로 졸업하고 해군장교로 복무할 때 원자력 잠수함 요원을 선발하는 면접에서 있었던 에피소드를 중심으로 기술되어 있다. 당시 해군 대위였던 지미 카터는 훗날 미국 역사상 가장 오랜 기간 동안 현역 해군 제독 생활을 한 리코버 대령과의 면접을 앞두고 있었다.

면접관인 리코버 대령은 해군사관학교에서의 성적을 물었다. 지미 카터는 우쭐해져서는 "저는 820명 중 59등을 했습니다"라고 자신 있게 대답했다. 그러나 칭찬 대신 "최선을 다했는가?"라는 질문이 돌아왔다. 그렇다고 대답한 지미 카터는 잠시 생각에 잠기더니, 항상 최선을 다한 것 같지는 않았다고 다시 답변했다. 그러자 리코버 대령은 한참 동안의 침묵을 깨고 지미 카터를 향해, 그의 인생에서 절대 잊을 수 없는 질문을 던졌다.

"왜 최선을 다하지 않았는가?Why not the Best"

이 질문은 그 후로 지미 카터 인생의 가치관이 되었다. 면접 후 지미 카터는 잠수함 요원으로 선발되었고, 조지아 주 상원의원을 거쳐 39대 미국 대통령까지 역임한다. 'Why not the Best'는 카터에게 평생의 인생관으로 자리 잡았을 뿐 아니라, 조지아 주지사 시절 대통령 선거에 다크호스처럼 나타난 그가 대중에게 자신을 알리기 위한 첫 번째 자서전의 제목이 되었다.

지미 카터 전 미국 대통령은 재선에 실패하긴 했지만 현재 전 세계의 평화 전도사로서 분쟁지역을 다니면서 해결사 역할을 하고 있다. 1993년 한반도의 문제가 극한 상황으로 치닫고 있을 때는 평양에서 김일성을 만나 남북한의 평화 분위기를 유도하기도 했다. 또한 사랑의 집짓기 운동Habitat 등을 통해서 가난한 사람들을 위한 봉사활동을 하고 있는데, 가장 존경받는 전임 대통령으로 불리며 의미 있는 노년을 보내고 있다. 인권 보호와 중재 역할에 대한 공로를 인정받아 2002년에 노벨 평화상을 수상하기도 했다.

《논어》〈학이편〉에서 증자가 말하기를, "오일삼성오신(吾日三省吾身), 위인모이불충호(爲人謀而不忠乎), 여붕우교이불신호(與朋友交而不信乎), 전불습호(傳不習乎)"라 하였다. "나는 날마다 세 가지를 반성한다. 남을 위해 일을 함에 있어 진정성을 다하였는가, 벗을 사귐에 있어 믿음으로 하였는가, 배운 것을 제대로 익혔는가"라는 뜻이다.

증자가 강조한 '진정성', '믿음', '학습'의 중요성을 마음에 되새겨보자. 결과를 떠나 행복감을 맛보며 살 수 있는 길을 찾고, 항상 최선을 다하고자 마음을 가다듬으며 실천하는 것이 성공과 행복의 열쇠일지 모른다.

젊은 시절 지미 카터의 자서전은 내 인생에 큰 영향을 미쳤고, 그가 전해준 메시지는 평생의 삶을 관통하는 주제가 되었다. 일의 성패를 떠나 매순간 최선을 다해야만 후회 없는 삶을 살 수 있다. 우리들도 후일의 자서전을 쓰는 마음으로 '최선을 다하는 삶'이라는 태도로 매사에 임한다면, 분명 멋지고 성공적인 삶을 살지 않을까 생각해본다.

나는 맨주먹으로 시작하여 최선을 다해 한국그런포스펌프를 경영했고, 그런포스Grundfos 대만 회장과 일본 이사회의 등재 이사로도 활동했다. 그 결과, 그런포스 그룹에서 가장 명예로운 임펠러 명판과 플래티늄 그런포스 배지를 받았다. 그곳에 내 모든 것을 쏟아 부었다는 사실과 그로 인한 평가는 나의 소중한 유산이다. 그리고 나의 묘비에는 '최선을 다한 삶'이라고 새기고 싶다.

위대한
작은 약속을
소중히 하라

성공한 사업가는 무엇이 다를까? 물론 여러 특장점이 있겠지만, 무엇보다 작은 약속을 소중히 여긴다는 점이 남다르다.

성공한 사업가들과 종종 만남을 갖곤 하는데, 그때마다 항상 깜짝 놀라게 하는 회장님들이 있다. 그분들은 약속 장소에 항상 10분 내지 20분 정도 상대방보다 먼저 도착해서 기다린다. '다음에는 내가 먼저 가 있어야지' 하고 조금 일찍 가면, 어김없이 더 먼저 와서 기다리고 있다.

이처럼 약속을 소중히 하는 마음, 상대를 배려해 늘 약속 장소에 먼저 와 있는 마음, 그 바탕에 깔린 근면함이 그분들을 큰 사업가로 성장시킨 원동력 중 하나라고 생각한다.

여학생 기숙사에 머무른 최초의 남학생

캠퍼스 투어를 하며 약속에 관한 재미있는 이야기를 들었다. 클린턴과 부시 전 대통령을 비롯한 세계적인 지도자와 유명 인사를 배출한 예일대학의 이야기다.

이 대학은 아주 오래 전에 밴더빌트라는 가문과 작은 약속을 했다. 밴더빌트 가문이 예일대의 발전을 위해 기숙사 건물을 기증하면서 자신들의 후손이 예일대에 입학하면 선조가 기증한 기숙사의 지정된 스위트룸을 쓴다는 내용이었다. 당시에는 별 무리가 없는 조건이었다. 세월이 흘러 그 건물은 여학생 전용 기숙사가 됐다. 그러던 어느 날, 밴더빌트 가의 후손이 예일대에 입학했고, 그는 선대가 기증한 기숙사의 스위트룸을 쓰겠다고 했다.

문제는 그가 남학생이란 점이었다. 학교 측에서는 난처한 상황이었다. 남성의 출입을 엄격하게 통제하는 금남의 구역인 여학생 기숙사에 어떻게 남학생을 들여놓겠는가? 교내에선 일순간 논란이 일었다. 수많은 의견과 설전이 오간 후 드디어 결론이 나왔다. 그 남학생을 여학생 기숙사에 받아들이기로 한 것이다.

여학생 기숙사에 남학생을 들이는 건 원칙에 어긋나지만 예일대는 오래 전 밴더빌트 가와 한 약속을 더 우선시했고, 영화 같은 일이 벌어졌다. 덕분에 그 남학생은 여학생 기숙사의 스위트룸을 사용하는 최초의 남학생이 됐고, 예일대 역사상 가장 행복한(?) 남학생으로 기억되고 있다.

작은 약속이 지켜질 때 큰 약속도 지켜진다

사회생활을 하는 사람이라면 누구나 경조사와 더불어 수많은 모임과 행사의 홍수 속에 살고 있을 것이다. 그러다 보니 크고 작은 약속과 예약으로 일상이 점철돼 있다. 게다가 네트워킹의 중요성이 날로 더해져 'TGIF Twitter, Google, iPhone, Facebook'나 '유튜브'와 '인스타그램'을 해야 앞서가는 사람으로 평가받는다.

그동안 회사를 경영하며 많은 손님을 회사 관련 세미나와 문화행사에 초청했다. 그런데 해마다 여러 행사를 진행하다 보면 예약과 관련해 많은 어려움을 겪는다. 각계각층에서 존경받는 주요 인사를 초청해서 참석하겠다는 약속을 받지만, 막상 행사 당일에는 그 자리가 비어 있는 경우가 종종 있다. 특히 주요 인사들일수록 다른 일정이 생겼다는 이유로 급작스러운 불참을 알릴 때가 많다. 심지어는 통보도 없이 노쇼No-Show를 하는 경우도 있다.

물론 극히 일부 사람들의 얘기지만 약속에 대해 어떤 자세를 갖고 있는지 잘 볼 수 있는 사례다. 부득이 참석하기 어렵다면 그 사실을 미리 알려주는 건 기본 예의다. 그러면 주최 측도 여기저기 생긴 빈자리 때문에 당황하는 일 없이 대안을 마련할 수 있다.

RSVP Répondez s'il vous plaît, 즉 초청을 확인한다는 표시는 약속의 가장 기본적인 문화다. 그러나 우리 사회에서는 바쁘다거나 갑자기 더 중요한 일이 생겼다는 이유로 작은 약속을 지키지 않는 모습을 종종 볼 수 있다. 아무리 작은 약속이라 해도, 그것을 지키려는 자세야말로 진정한 G20 정상회의 개최국에 걸맞은 성숙된 면모가 아닐까 싶다.

위대한 약속이란 지키기 힘든 큰 약속이 아닌 우리 생활에서 일상적으로 실천할 수 있는 작은 약속이다. 나는 이것을 지금까지도 가장 중요시 여기고 있다.

아이들이 어렸을 적 해외출장을 떠나며 장난감을 사주겠다고 약속한 적이 있는데, 현지 사정상 장난감 가게를 들를 수가 없었다. 당시 아이들과의 약속을 지키기 위해 회사 직원에게 부탁해 공항에서 장난감을 받은 적이 있다. 장난감 선물을 받고 기뻐하던 아이들의 모습을 보는 것도 행복했지만, 무엇보다 약속을 지킬 수 있어 다행이었다. 아무리 부모라 해도 약속을 자주 어기면 신뢰를 잃고 만다.

거래처 미팅을 할 때도 시간 약속을 잘 지키는 것은 중요하다. 작은 약속을 소중히 하는 사람은 신뢰할 수 있으며, 작은 약속을 잘 지키는 기업은 신용도가 높다. 큰 믿음은 작은 약속을 지키는 것에서부터 시작되기 때문이다.

우리의 현실은
언제나
상상에서 시작되었다

"지식보다 중요한 것은 상상력이다."

아인슈타인의 이 말은 꿈이 점점 사라져가는 현대인들을 새삼 각성시킨다. 두 발은 현실에 딛고 있되 늘 미래를 내다보며 상상하고 멋진 꿈을 꾸는 것, 어쩌면 인간만이 누릴 수 있는 특권이 아닐까?

불모의 사막을 거쳐 세계에 우뚝 서기까지

30여 년 전 만나 인연을 이어오는 사업가가 있다. 불모의 사막 지대 사우디아라비아의 수도 리야드의 작은 식당에서 저녁을 같이 한 것이 첫 만남이었다. 저녁식사 후, 그는 밤늦은 시간임에도 다시 두 시간 가량 비행기를 타고 다른 도시로 출장을 간다고 했다. 시간과 공간을 넘나들며 일하는 그의 열정이 30대의 젊은 CEO였던 내게는 무척 매력적으로 느껴졌고, 그 후 가까운 지인이 되었다.

중동 건설 경기가 하향세에 들어서자 그는 미국 뉴욕으로 사업의 거점을 옮겼다. 처음 미국으로 이주했을 때는 뉴욕 맨해튼의 32번가 한인 타운에서 조그마한 식품점으로 첫 가게를 시작했다. 그러곤 아주 허름한 호텔을 하나 인수하더니 한국에서 목수를 데려와 수리를 시작했다.

그로부터 30년의 시간이 지난 지금 그는 어떻게 돼 있을까? 미국 전역과 캐나다에 약 100개 가까운 대형 식품 슈퍼 체인을 완성했다. 그뿐 아니다. 미국의 여러 지역에 호텔을 둔 것은 물론 한국, 칠레, 파나마 등 전 세계에 10개 가까운 호텔을 세웠다. 또 뉴욕 지역에 은행을 설립하여 지점도 5개나 확장했다. 그는 바로 뉴욕의 H마트H MART 와 스탠퍼드 호텔Stanford Hotel 그룹의 권중갑 회장이다.

오래전부터 그는 "전 세계에 호텔을 100개 정도 설립하고 싶고, 은행도 만들고 싶다"고 말했다. 당시 그 이야기를 듣고는 조금 황당한 상상이 아닌가 하고 생각했다. 그러나 그는 한국이 아닌 글로벌 무대에서, 그런 상상을 아주 멋진 현실로 만들어냈다.

몇 년 전, 미국의 중부에 있는 슈퍼마켓에 직접 방문해보았다. 로키산맥 앞의 대평원 고지대 덴버 시에 대형 슈퍼마켓이 자리하고 있었다. 이후 계속해서 미국 동부인 뉴욕에서부터 서부의 시애틀까지, 캐나다의 밴쿠버와 캘거리 및 에드먼턴까지 지점을 확장하고 있다.

심지어는 동양 사람이 거의 없는 오리건 주의 포틀랜드 근교에 있는 후드산 주립 공원 산자락 밑에 리조트 호텔도 경영하고 있다.

이곳을 직접 방문해보니 동양인은 찾아보기 어려웠고, 200년이 넘게 뿌리 내린 원시림으로 둘러싸인 천혜의 휴양지였다. 산세가 깊은 후드산 밑자락까지 한국인이 투자하여 멋진 리조트를 운영한다는 것은 실로 대단한 일이다. 그의 멋진 상상은 계획도 실천도 뒤따르지 않는 막연하고 헛된 공상이 아니었다. 철저한 계획과 준비, 행동력이 동반된 실현 가능한 꿈이었다.

그는 예천이라는 시골에서 태어났고, 불모의 사막으로 건너가 땀흘리며 일했다. 그 전에는 베트남 전쟁에 참전해 사지에서 근무했으며, 미국이라는 낯선 땅에 건너왔다. 결코 순탄한 삶은 아니었다. 그럼에도 어렵고 힘든 삶의 행로를 두 발로 뚜벅뚜벅 건너 전 세계에 자기 사업장을 100곳이 넘게 세웠다. 현실에 안주하거나 안 될 거라는 생각으로 가능성 자체를 포기했다면 이루지 못했을 성공이다.

직원 2명으로 시작한 회사의 미래

소프트뱅크 그룹SoftBank Group의 손정의 회장은 재일 교포 3세로, 2016년에 세계적인 반도체 설계회사인 영국 ARM을 일본 M&A 역사상 최대액인 3조 3,000억 엔에 인수해 세상을 놀라게 했다. 그는 명실공히 매출액 8조 9,010억 엔, 영업이익 1조 260억 엔(한화로 대략

90조 원 매출액과 영업이익 10조 원)의 거대 기업을 경영하는 사업가다.

그러나 창대한 결과와 달리 그의 시작은 미미했다. 손정의 회장은 고등학생 시절 유학을 떠난 미국에서 대학까지 마치고 일본에 돌아온 후, 아르바이트 직원 2명과 조그만 회사를 창업했다. 그리고 첫날, 작은 귤 상자 위에 올라 유일한 직원이었던 그 2명 앞에서 "언젠가 두부를 한 장, 두 장(일본 발음으로 1조, 2조) 세듯이 1조, 2조를 세는 큰 사업가가 되겠노라"고 연설했다,

당시 보잘 것 없는 작은 회사가 정말 그 꿈을 이루리라고 믿는 사람은 없었다. 하지만 지금 손정의 회장은 총자산 24조 엔(한화로 약 240조 원)으로, 일본 상장기업 중 자산 기준 4위에 해당하는 거대 기업 군을 이끌고 있다. 그가 꿈꾸던 것을 훨씬 넘어서는 규모다. 그렇게 되기까지 그의 활약상을 살펴보면 상상이 현실이 되는 기적 같은 변화의 흐름이 보인다.

1992년 벤처캐피털회사를 설립하면서 소프트뱅크의 약진이 시작되었고, 1996년에는 미국 야후Yahoo와 공동 출자로 일본 야후를 설립해 인터넷 사업에서 성공을 거뒀다. 하지만 IT버블 붕괴로 2001년 이후 경상수지 적자를 내며 경영난을 겪었다. 소프트뱅크 그룹은 니혼텔레콤JT을 매수하면서 실적이 호전돼 2005년에 흑자로 돌아섰다. 이어 2006년에 보다폰 Vodafone을 사들여 이동통신 사업에 본격 진출했으며, 보다폰 인수를 통해 매출액이 전년보다 획기적으로 증가했고, 영업이익도 큰 수익을 기록했다. 이를 계기로 소프트뱅크는 일본 이동통신업계 3위에 오르게 된다. 2013년에는 미국 4위 이동

통신회사인 스프린트Sprint를 매수했다. 그 결과 이동통신업계 1위였던 NTT도코모NTT Docomo를 제치고 정상에 오르는 기염을 토했다.

일본 신문 기자가 저술한《손정의, 300년 왕국의 야망》이라는 책에 이런 내용이 나온다. 현재 소프트뱅크 본사의 대회의실에는 창업 후에 첫 연설을 했던 귤 상자가 놓여 있고, 벽에는 일본 명치유신의 주역인 사카모토 료마의 사진이 걸려 있다. 귤 상자를 보며 초심을 잃지 않는 자세를 다지고, 사카모토 료마의 초상화를 보며 일본의 막부 시대를 능가하는 300년 소프트뱅크 왕국의 야망을 꿈꾸며 더 큰 상상을 하는 듯하다.

젊은 세대의 상당수가 현실의 제약을 탓하며 스스로 성장을 멈추고, 수많은 기회들을 외면한다. 세상 모든 기회는 두드리는 자에게 문을 열어주지 않던가. 막연한 낙관주의에 빠져서는 안 되지만, 상황을 핑계 삼아 현실에 안주하는 것 또한 경계할 일이다. 인류가 상상만 해오던 것들, 불가능할 것이라 여겨지던 숱한 일들이 현실로 이루어져왔기 때문이다.

호기심을 펌핑하면 꿈은 이루어진다

　'물'은 생명의 근원이다. 동물이든 식물이든 모든 생물은 물 없이는 존재할 수 없다. 이처럼 소중한 물을 이송하는 펌프 산업에 30년 동안 종사하다 보니 나는 '펌프'라는 단어와 '펌핑'이라는 단어를 유난히 좋아한다.

　'펌핑한다'는 말을 들으면 어떤가? 물이 힘차게 솟구치는 장면이 연상될 것이다. 100층이 넘는 고층 건물과 수십 층의 아파트 단지, 산업 단지의 공장들, 상수도나 하수도 그리고 아름다운 분수나 오폐수의 처리장에 이르기까지 펌프가 없는 곳은 없다. 이처럼 펌프는 인류가 필요로 하는 어떠한 장소라도 밤낮 없이 소중한 물을 이송한다.

　그래서 나는 '펌핑'을 '활기차고 힘차게'라는 긍정적이고 신나는 단어로 해석하고 싶다. 언젠가 철학자 최진석 교수가 강의 중에 "호기심과 궁금증이 없다면 젊음이 사라졌다"는 증거라고 이야기했다. 호기심과 궁금증이 넘치는 사람은 세상에 관심이 많고, 알고 싶은 것이 많으며, 경험하고 싶은 것도 많다. 실로 젊음의 그것과 닮아 있다. 나는 아직도 호기심과 궁금증을 펌핑하고 있으니, 젊고 활기차게 살고 있음을 자부해도 좋을 테다.

호기심은 미지의 세계를 발견하는 열쇠

지난겨울, 버킷리스트 하나를 달성했다. 작은 나만의 꿈을 달성한 것이다.

한 시즌에 3개의 대륙에서 스키를 타는 것은 20여 년 전부터 꿈꿔 오던 일이다. 1월에 미국의 로키산맥, 2월에 일본의 홋카이도, 3월에는 유럽의 알프스산맥에서 스키를 탐으로써 비로소 꿈을 이뤘다. 출장을 다닐 때마다 비행기 아래로 눈 덮인 알프스산맥이나 로키산맥을 내려다보는 일이 종종 있다. 그때마다 당장 그곳에 가서 스키를 타고 싶은 마음이 꿈틀거린다.

40대 후반부터 세계 10대 스키장에서 스키를 타보겠다는 계획을 세웠다. 매년 인터넷에서 멋진 스키장을 서칭하고 여행사와 의논도 하며 세계 10대 스키장은 물론이고 그보다도 훨씬 많은 스키장에 가서 스키를 즐겼다. '그곳에서 스키를 타면 어떤 기분일까'라던 내 호기심이 한달음에 나를 그곳으로 이끌었다. 만년설이 덮여 장관을 이루는 유럽의 알프스산맥이나 미국의 로키산맥에서 가쁜 숨을 몰아쉬며 스키를 탈 때면 대단한 호연지기를 느낄 수 있다. 위대한 자연 속에 놓인 나를 느끼다 보면, 어느새 일상의 잡념과 번뇌가 사라지고 마음이 한결 가벼워진다.

유럽의 알프스는 잘 다져진 슬로프와 오프피스트Off Piste의 자연설, 그리고 특이하고 멋진 경치를 자랑한다. 알프스에 갈 때면 그 마을의 특산 음식과 와인을 함께하는 낭만적인 분위기에 흠뻑 빠져든다. 스키 덕분에 스위스, 오스트리아, 프랑스, 이탈리아 등 여러 곳의 알프스 마을을 여행할 수 있었다. 가는 곳마다 분위기가 다른데, 각지의 산골 마을에서 사뭇 다른 경치와 낭만을 호흡했다.

한번은 항공기의 기내 잡지에 실린 표지사진을 보며 호기심이 발동했다. 콜로라도 주의 스팀보트 스키장에서 파우더 스노우를 헤치며 말이 달리는 모습의 사진이었다. 결국 미국의 콜로라도 주와 유타 주에 가서 무릎까지 빠지는 백설기 가루와 같은 파우더 스노우를 헤치며 스키를 즐겼다. 일본 홋카이도의 자연설이 덮힌 니세코 스키장에서 숲속 나무 사이로 파우더 스노우를 즐긴 것도 가슴 설레는 경험이었다.

호기심이 나를 이끌지 않았다면 그토록 다양한 나라의 설산을 누비는 일은 없었을 것이다. 이는 단지 취미에 관한 이야기가 아니다. 무엇이든 호기심이 발동하면, 그것을 직접 알아내고 싶은 열망에 휩싸이게 된다. 알프스와 록키산맥의 실제 모습은 막연히 짐작했던 것과는 무척 달랐고, 거기서 타는 스키의 매력은 상상과는 차원이 다른 것이었다. 호기심이 없었다면 전혀 알지 못했을 미지의 세계를 만난 것이다.

인류 최초로 음속을 돌파한 사람

해외 출장이 잦은 탓에 비행기를 타는 시간이 많다 보니 기내에서의 시간을 유용하게 활용하려 애쓰고 있다. 특히 다큐멘터리는 꼭 한두 편씩 보는 편이다. 몇 년 전 아주 감동적인 한 시간짜리 다큐멘터리를 보았다. 그것은 인류 최초로 사람이 음속을 돌파하여 낙하하는 동영상이었다.

오스트리아인 스카이다이버인 펠릭스 바움가르트너는 프로젝트 발표 후 7년 동안의 준비 기간 중 3년간의 캡슐 제작 기간, 4년간의 압력우주복 제작 기간을 거쳤다. 오랜 준비 끝에 마침내 2012년 10월 14일 미국 뉴멕시코 로즈웰에서 인류 역사상 최초의 초음속 자유 낙하를 시도했다.

초박형 폴리에틸렌 헬륨 풍선을 타고 올라가는 펠릭스는 2시간 30분 후 고도 39킬로미터 성층권에 다가갔다. 그의 몸에 달린 5대의 카메라를 통해 모든 상황이 생중계되는 가운데 열기구 사상 최고 높이인 39킬로미터 상공에 도착했다. 드디어 캡슐의 입구가 열리고 다이빙 포지션에 선 펠릭스는 실제 육성으로 이렇게 말했다.

"지금 전 세계의 사람들이 지켜보고 있다는 것을 압니다. 여러분들도 제가 보고 있는 이 광경을 볼 수 있으면 좋겠네요. 가끔은 이렇게 높은 곳에 도달해야만 여러분들 스스로가 얼마나 작은 존재인지 이해할 수 있을 테니까요."

인간의 몸으로 음속 돌파를 시도한 펠릭스는 1.25마하의 속도로 마침내 우주를 음속 돌파하는 데 성공했으며, 약 4분 20초의 낙하 끝에 다시 뉴멕시코에 착륙했다.

인류 최초로, 성층권에서 초음속 자유낙하에 성공한 것이다. 우리가 타고 다니는 여객기도 음속을 돌파하지 못한다는 것을 생각하면 이는 실로 놀라운 일이다. 인간이 여객기보다 빠른 속도로 뛰어 내린 대단한 도전이었기 때문이다.

어린 시절 바움가르트너는 어머니에게 커서 하늘을 나는 사람이 되겠다는 이야기를 자주 했다고 한다. 그리고 20여 년간 수많은 스카이다이빙 경험을 쌓으며, 꿈에 다가가기 위한 자기 수련을 게을리하지 않았다. 노력 끝에 결국, 자신이 말하던 대로 하늘을 나는 스카이다이빙의 세계적인 기록 보유자가 된 것이다.

그 어린 소년의 꿈을 이루게 한 동인은 무엇일까? 바로 호기심이다. 하늘을 날면 어떨지 궁금해 미칠 것 같은 호기심. 그것을 펌핑하면서 실행 가능한 수준이 될 때까지 노력해왔기 때문에 가능한 일이다. 숫자를 발견하고, 과학을 발전시키고, 우리 삶을 윤택하게 하는 모든 것들은 호기심에 빚을 지고 있다. 먼저 알고 싶은 마음이 있어야 목적지가 설정되고, 목적지가 있어야 그곳으로 가기 위한 오늘의 준비와 실천이 따르는 법이다.

하늘을 날고 싶었던 소년에겐 호기심과 꿈이 있었다. 그 꿈을 이루기 위해 계획을 수립하고 단계를 밟으며 실천해나갔다. 그것은 한 개인의 성취를 넘어 인류에게 선사하는 음속 돌파의 첫 기록이 되었다.

즐겁다면
미칠 수
있다

"무엇을 할 때 가장 즐거우세요?"

사람들과 여담을 나눌 때 종종 하는 질문이다. 자신이 좋아하는 일이나 취미 활동을 하면 피로하기는커녕 시간 가는 줄도 모른다. 신바람 나서 몰입하면 그 자체로 즐겁기 때문이다. 반면, 하기 싫은 일을 억지로 할 때는 어떤가? 일이 재미없고 힘든 것은 물론이거니와 시간조차 안 가는 느낌이다. 마음이 동하지 않으니 스트레스를 받는다.

몰입의 즐거움을 아는 사람과 모르는 사람

《논어》의 〈옹야편〉 18장에는 '지지자불여호지자 호지자불여락지자(知之者不如好之者 好之者不如樂之者)'라는 구절이 나온다. '아는 것은 좋아하는 것만 못하고, 좋아하는 것은 즐기는 것만 못하다'라는 뜻이다. 열심히 하거나 좋아하는 것을 넘어 그 일을 즐기는 사람을 당해낼 재간은 없다. 신이 나면 누가 시키지 않아도 몰입하게 되고, 몰입해서 열정을 쏟다 보면 창의로워진다. 즐거움이 만들어내는 성취다.

이처럼 락지자(樂之者, 즐기는 것)에 관해 공부하다 보니 문득 '사람들 각자에게 가장 즐거운 일은 무엇일까' 하는 궁금증이 생겼다. 그래서 만나는 이들에게 곧잘 질문을 던진다.

당대에 기업을 크게 일으킨 창업주는 일할 때가 가장 즐겁고 새로운 회사나 사업장을 개점할 때 가장 행복하다고 이야기했다. 어떤 CEO와 임원들은 여행할 때가 제일 즐겁다고 했다. 젊은 신혼의 직원은 주말에 아이와 놀 때가 가장 즐겁다고 했다. 작곡을 전공한 직원은 혼자 여행할 때 가장 즐겁다고 답했는데, 아마도 여행지에서 곡을 창작하기 때문일 것이다. 또 다른 젊은 여성 직원은 야구장에서 치킨을 먹을 때라고 대답했다. 사람을 좋아하는 어릴 적 친구는 어느 허름한 대폿집에서 친구들과 소주잔을 기울이며 삶에 대해 이야기 나누는 순간이 가장 즐겁다고 답했다.

개인적으로 내게 가장 즐거운 일은, 단언컨대 겨울철에 스키를 타는 것이다. 하얀 대자연 속에서 거친 숨을 내쉬며 스키를 타는 즐거움은 스키 마니아들에게는 무엇과도 바꿀 수 없는 일이다. 매해 겨울마다 새롭게 만나게 될 아름다운 설경과 슬로프를 상상하면 가슴이 두근거린다. 그 두근거림과 설렘으로 열정이 살아 있다는 느낌을 받고, 그것이 삶에 커다란 활력으로 작용하니 일석이조인 셈이다.

또 다른 즐거움은 '회사 경영'이다. 나는 평생 즐겁게 몰입해서 일할 수 있었기에 37년간 대표이사직을 수행하고 있다. 호황이든 불황이든 항상 한정적인 자원을 가지고 새로운 목표에 도전해야 했지만, 임직원들과 합심해서 목표를 달성했다. 그 과정에서 기쁨과 힘겨움을 함께 나누는 즐거움 또한 경험하지 못한 사람은 알 수 없는 것이다.

회사를 경영하며 어려운 순간도 많았고, 숨이 차오르는 가파른 길도 넘었다. 마치 난코스에서 스키를 타듯 치열한 경쟁과 경기 변동의 고비를 우리는 함께 나누었다. 하지만 합심해 부딪혔기에 포기하거나 실패하지 않았다. 긍정적인 마음과 열정으로 위기를 극복하는 과정은 마치 하나의 예술작품을 만들어내듯, 산고 끝에 결실을 맺는 즐거움이었다.

배움의 즐거움이 자신을 나아가게 한다

가끔 대학생들을 대상으로 강연을 하는데, 참석한 학생들에게 언제가 가장 즐거운지를 물어본 적이 있다. 그때 배움이 즐겁다고 말하는 학생들은 거의 없다. 그도 그럴 것이 현재 우리 젊은이들은 꿈을 꾸며 미래를 설계해야 할 시기에 성적, 취업, 미래에 대한 압박감과 두려움에 흔들리고 있다. 고등학생 시절은 대학입시를 위한 학교 공부 및 과외 공부에 시달리고, 대학생이 되어서는 취업을 위한 준비에 전념한다. 이런 환경에서 배움과 학습을 통해 지적인 깨달음의 즐거움을 얻는다는 것은 거의 불가능한 일이다.

부모들의 교육열은 뜨겁지만 그것이 진정한 교육의 동력으로 작용하고 있지는 않다. 강한 교육열에 비해 학생들의 논리적·철학적 사고력이나 창의력 등 생각하는 힘은 많이 미흡한 게 현실이다. 이런 환경에서 개개인의 잠재력을 발견하고, 철학적 사고를 깊게 하는 교육이 이뤄질 수 없는 것은 당연하다. 어쩌면 좋은 인재 양성을 학교교육에서부터 막는 것은 아닌지 우려스럽다.

나는 10년째 매주 월요일 새벽, 동양 고전을 공부하는 학습모임에 참여하고 있다. 그리고 이제 이순(耳順)의 나이가 돼서야 학습이 이리 즐거운 일인지 깨닫는다. 최근 공부 시간에 함께 살펴본 리더들에 관한 내용이 강렬한 느낌으로 남았다.

"리더가 갖추어야 할 덕목은 '철학'과 '지혜'이다. 철학은 고전에서 얻을 수 있으며 지혜는 역사에서 습득할 수 있다." 간단하게 정리된 표현이지만 우리 주위에서 국가나 기업을 경영하는 리딩 그룹의 사람들에게 깊은 깨달음을 주는 내용이다.

깨달음의 즐거움이 크니 공자께서도 《논어》의 첫 페이지 첫 문장을 '학습의 기쁨'에 관해 이야기한 모양이다. 어려서부터 배워온 문구의 참뜻을 요사이 여러 번 되새겨본다.

"학이시습지불역열호(學而時習之不亦說乎), 배우면서 깨닫고 때때로 익히면 또한 기쁘지 아니한가."

평생을 배우면서 깨닫고 익혀서 부족함을 채워가고, 늘 새로워지려 노력하는 사람들은 얼굴 표정부터가 다르다. 온화하고 생기가 넘치며 무엇인지 모를 카리스마까지 풍긴다. 즐겁게 공부하고 일하는데 성공하지 않을 리 없다. 어쩌면 즐겁게 일한다는 것 자체가 성공일 것이다.

내일
할 일을
어제 하라

인생을 살다 보면 여러 가지 이유로 어제 할 일을 어제 마감하지 못하고 오늘 할 일을 오늘 마감하지 못하는 경우가 생긴다. 게으름 때문에 일을 미룬 것이든, 피치 못할 사정 때문이든 어제 했어야 할 일을 오늘에서야 처리할 때는 여러모로 바쁘고 시간에 쫓기게 된다. 내일을 준비할 시간에 어제의 일을 하니, 그만큼 뒤처지며 시간과 기회의 손실을 보는 셈이다.

시간이 늘 부족한 사람, 시간이 늘 넉넉한 사람

오늘날처럼 스피드를 중요시하는 4차 산업혁명 시대에는 그에 걸맞은 개념이 필요할 것 같다. "오늘 할 일을 내일로 미루지 말라"라는 격언을 "내일 할 일을 어제 하라"로 바꿔 새로운 관점을 부여하는 것이다. 내일 할 일을 어제 한 사람은 시간에 쫓기지 않으니 일의 성과도 높고, 그만큼 시간의 여유가 생겨 남들보다 더 풍요로운 삶을 살수 있다.

어린 시절, 쌀쌀한 가을바람이 코끝을 스치는 추석 명절이 되면 모두들 고향으로 떠나고 텅 빈 서울의 거리는 쓸쓸함을 더해주었다. 북한에서 피난 내려온 우리 가족은 성묘를 갈 고향이 없었기에 텅빈 도시는 더욱 허전했다. 그런 쓸쓸함 때문에 어려서부터 고향이 절실했다. 언젠가 부모님들이 돌아가시면 장지를 어디에다가 마련해야 할지를 고민하고, 후손들이 정착할 고향을 마련해야겠다고 생각했다.

미리 준비하는 습관은 어릴 적부터 있었지만, 고향을 마련해야겠다고 생각한 이후로 미리 준비하는 습관은 더욱 강해졌다. 미리 생각하고 준비하는 습관은 사회생활을 하고 경영자로서 기업을 운영하는데도 많은 도움이 되었다. 그 덕분에 박사 학위도 최단기간에 마쳤고, 오랫동안 CEO로서의 경영 활동도 비교적 여유롭게 할 수 있었다.

인생에서 누구에게나 공평하게 주어지는 자원은 '시간'이다. 하지만 이렇게 공평한 자원이라 해도 어떤 사람에게는 여유 있는 자원이 될 수 있고, 어떤 사람에게는 아주 부족한 희귀 자원이 될 수도 있다. 즉, 미리미리 준비하고 미래에 대응한 사람에게 시간은 여유 있고 풍요로운 자원이 될 것이다. 반면 늘 미루며 시간에 쫓기는 사람에게 시간은 절박한 희귀 자원이 될 것이다.

남보다 더 여유롭게 더 많은 기회를 얻는 법

아직 생의 남아 있는 시간이 많은 대학생들을 대상으로 특강을 할 때는 반드시 이런 이야기를 한다. "몇 년 후 졸업식을 마치고 학사복을 반납한 후 캠퍼스를 떠날 날이 올 겁니다. 그때 이 캠퍼스에서 무엇을 얻어 나갈 것인지를 생각하며 학창시절을 보내십시오."

좋아하는 운동이나, 취미생활, 혹은 평생의 반려자가 될 사람과 낭만적인 시간을 보내는 일 등 무엇이든 상관없다. 학과 공부에 매진하거나 어학 능력을 기르고, 전문 지식을 쌓는 공부도 좋다. 무슨 일이든 간에 졸업할 때는 반드시 소중한 몇 가지를 얻어나가야 한다. 그것이 인생 항로를 개척하기 위한 디딤돌이 될 것이기 때문이다.

우리 사무실이 위치해 있는 강남역 주변에는 영어 학원이 많은데, 밤이면 수많은 학생들과 직장인들이 학원에서 공부를 하고 쏟아져 나온다. 10년 넘게 영어 공부를 하고도 여전히 영어가 많은 이들의 발목을 잡고 있다. 그들을 볼 때마다 '중고등학생, 대학생 시절에 필수과목이었던 영어를 충실히 공부했더라면 지금은 좀 더 여유 있는 사회생활을 할 텐데…'라는 생각을 한다.

물론 특별한 필요에 의해 더 공부를 하는 사람들도 있을 것이다. 하지만 대부분은 학창 시절에 준비해놓았어야 할 어학 능력이 부족해 번번이 사회생활에서 애를 먹고 있다. 영어 공부할 시간에 다른 공부를 할 수 있다면 더 큰 성장을 할 수 있을 텐데, 안타까운 일이다. 영어는 하나의 예일 뿐 모든 면에서 그렇다. 제 시기에 할 일을 제대로 해냈다면, 나중에서야 미처 못한 일을 하기 위해 현재를 낭비하지 않게 될 것이다.

직장생활도 마찬가지다. 회사에서 업무를 처리할 때도 유능한 인재로 평가받는 사람은 그날 할 일을 다음 날로 미루지 않는다. 시간에 쫓기면 일의 품질이 떨어지고 실수를 범할 우려도 있다. 때문에 일을 잘하는 사람들은 늘 제때에 자기가 맡은 일을 확실히 마감한다.

하버드대학교의 램 차란 교수와 허니웰Honeywell의 래리 보시디 회장이 저술한《실행에 집중하라Execution》에도 이런 맥락의 글이 나온다. 그들은 "사회에는 스마트하고 열심히 일하는 유능한 인재들이 많이 있지만 제때에 일을 완벽하게 마감하는 사람은 많지 않다"고 말한다.

21세기에 '시간'은 희귀 자원이라고들 한다. 이 소중한 자원을 잘 활용하는 사람은 미래의 주인공이 될 것이다. 미뤄둔 일을 처리하느라 시간에 끌려다닐 것인가, 미리 준비하고 대비해 시간을 주도할 것인가. 그것은 시간을 어떻게 인식하고 활용하느냐에 달려 있다.

만남

chapter 2

성공은
만남에서
시작된다

과거에 빛을 지지 않은 현재와 미래는 없으며,
다른 이의 영향에서 자유로운 사람은 없다.
우리는 수많은 시간, 공간, 사람을 통해
지금의 모습으로 완성된다.
그러니 누구와 만나고, 어떤 가치관과 공명하며,
거기서 무엇을 취할 것인가?
그것이 '나'라는 사람을 결정한다.

눈을 뜨고 바라보면
세상은
스승의 바다

평생 동안 1년에 몇 달씩 해외출장을 다니며 세계 여러 나라에서 많은 것을 보고, 느끼고, 배웠다. 나는 비행기를 탈 때 가능하면 밖을 내다볼 수 있는 창가 자리를 선호한다. 그러곤 몇 백만 마일을 비행하면서 좌석 앞의 화면에 보이는 항공기의 운항 경로와 창문을 통해 보이는 실제 지형을 비교해보곤 한다.

공간의 벽을 넘어서면 무한히 넓은 세상이 있다

인천공항에서 이륙해 서쪽으로 한 시간 내지 두 시간을 비행하면 거대한 중국 대륙의 북경과 상하이를 여행할 수 있다. 세계 최대의 인구를 보유하고 세계 2위의 국력을 자랑하며 급속히 부상하는 중국의 힘을 접한 뒤 쑤저우(蘇州)공단을 방문해보면 머리를 망치로 맞는 느낌이 들 것이다.

다시 서북쪽으로 만리장성을 넘고 몽골의 고비 사막을 지나 시베리아 대륙을 건너 모스크바를 방문하면 냉전시대의 슈퍼파워를 느낄 수 있다. 여기서 다시 방향을 서북쪽으로 이동하면 투명한 나라 핀란드를 지나 스칸디나비아 삼국인 덴마크, 스웨덴, 노르웨이가 나온다. 이들 나라에서는 세계에서 가장 성숙하고 세련된 문화를 경험할 수 있다.

서쪽으로 비행하면 "대영제국에는 해질 날이 없다Sun never sets on the Empire"라는 관용어를 낳은 영국이 자리하고 있다. 옛 대영제국 해군사관학교를 방문해서는 세계를 제패했던 대영제국의 힘과 국민들의 품격인 젠틀맨십을 느낀다. 그런 옛 영광과 달리 '브렉시트Brexit'로 기울어져가는 역사를 호흡해보는 것도 묘미다.

이탈리아는 또 어떤가? 그곳에서는 로마의 강성했던 힘과 문화, 역사, 예술은 물론 중세의 종교, 그리고 르네상스를 배울 수 있다. 음식과 와인, 에스프레소 커피 그리고 패션도 빼놓을 수 없는 부분이다. 프랑스 파리의 샹젤리제 거리를 걸어보고 지중해의 프렌치 리비에라와 프로방스 지역을 여행하면 멋쟁이 프랑스 사람들을 만나게 된다. 아름다운 음식과 화려했던 왕가 문화를 접하며 프랑스 특유의 낭만을 느낄 수 있다.

독일을 방문하여 속도 제한이 없는 아우토반 고속도로를 달리고,

세계 최고의 자동차들을 보면 유럽에서 가장 잘사는 나라임을 단박에 알 수 있다. 베를린 장벽을 방문하면 분단되었던 동서 독일이 통합되는 과정에서 있었던 역사를 엿볼 수 있다. 그리고 독일 남쪽의 바바리아 지방을 거쳐서 오스트리아의 티롤 지방과 옆 나라 스위스에 들어서면 멋진 유럽 알프스의 경관을 볼 수 있다.

스페인에 들러 수많은 유네스코 문화유산과 알람브라 궁전 그리고 가우디의 성가족성당을 돌아본다. 더불어 좋은 날씨와 풍요한 자원 덕분에 오랜 기간 식민지 생활을 한 역사의 아이러니를 고찰해볼 수 있다. 포르투갈에서는 브라질을 식민지로 만든 세계 대항해 시대의 활약상과 현재의 축소된 역사를 볼 수 있다. 고대 문화의 중심지인 그리스. 파르테논 신전의 주요 조각품들이 대영제국 박물관에 있다는 아이러니와 포퓰리즘으로 무너진 경제를 보며 인류의 흥망성쇠에 대해 산 경험을 해본다.

유럽에서 대서양을 건너 미국의 뉴욕에 도착하면 세계의 모든 음식과 문화를 접할 수 있고, 세계 비즈니스의 중심지가 지닌 위력을 경험할 수 있다. 하늘 끝에 닿을 듯한 마천루가 가득 찬 맨해튼의 다운타운은 세계 금융의 중심지이며, 메트로폴리탄 박물관과 모마 현대미술관 등이 있어 음악, 미술 등 문화의 중심지이기도 하다. 동부에서 중부의 대평원을 지나 태평양을 연안으로 하는 서부에 도달하는 과정에서 미국의 주State 하나가 웬만한 나라의 국토나 경제 규모와 맞먹는 것을 확인할 수 있다. 그 모습에서 새삼 세계 최강국의 힘을 느끼게 된다.

다시 태평양을 건너 일본에 도착하면 세계에서 제3의 경제력을 갖춘 일본의 조직화되고 선진화된 문화를 접할 수 있다. 일본은 70여 년 전인 2차 세계대전 때, 이미 태평양에 항공모함을 띄워놓고 세계를 상대로 전쟁을 했다. 또한 노벨상을 여러 차례 받으며 기초 기술에서 진일보한 나라다. 그리고 서쪽으로 두어 시간을 비행하면 한국이다.

준비 없이 막연히 여행할 때면 그저 신기한 낯선 나라일 뿐이지만, 각국의 역사와 문화적 특성을 알고 가면 그들의 세상이 품고 있는 생명력을 느끼게 된다. 아는 만큼 보이고 보이는 만큼 느끼는 것이다.

공간의 벽을 넘어서, 다른 세상으로 넘나들며 낯선 세계와 조우해 보자. 이제 전 세계가 일일 생활권에 돌입했다. 세계는 더욱 가까워질 테고, 마치 이웃 동네에 마실을 다녀오듯 쉽게 오갈 수 있을 것이다. 그만큼 사고의 지평과 우리의 활동무대는 넓어지고 있다.

낯선 곳을 여행하며 진짜 나와 만난다

방학 시즌이 되어 학생들을 대상으로 특강을 할 때면 백팩을 메고 활짝 열린 넓은 세계로 여행을 떠나 보라고 권한다. 여러 다른 나라 사람들이 사는 모습을 보고, 듣고, 경험하며 역사, 문화 그리고 다양한 삶에 관해 견문을 넓히는 것은 젊은 시절에 특히 필요한 일이다. 다양한 세상을 경험하는 것만큼 지혜를 얻고 삶을 풍요롭게 하는 것은 없다.

여행의 경험을 이야기할 때면, 줄리아 로버츠 주연의 영화 〈먹고 기도하고 사랑하라〉가 생각난다. 재미있고 감명 깊어서 여러 번 관람한 작품이다. 주인공 리즈(줄리아 로버츠)는 안정적인 직장, 번듯한 남편, 맨해튼의 아파트까지 모든 것을 완벽하게 갖춘 젊은 저널리스트다. 하지만 언제부턴가 그것이 정말 자신이 원했던 삶인지 의문을 갖기 시작한다. 그리고 용기를 내 일상에서 탈출한다. 진짜 자신을 찾는 여정을 떠나기 위해서다.

일, 가족, 사랑, 자신을 둘러싸고 있던 삶의 모든 것을 뒤로 한 채 무작정 떠난 1년간의 긴 여행. 이탈리아에서는 신나게 먹고 마시며 아무것도 하지 않을 때의 달콤함Dolce Far Niente을 이야기한다. 인도에서는 깊이 기도하는 법을 배우며 자신에게 한발 다가서고, 발리에서는 자유롭게 사랑하며 진정한 행복을 느끼고 있는 자신을 발견한다.

그녀는 인생도 사랑도 다시 시작할 수 있을까? 진정으로 원했던 자신의 삶을 만나게 될까?

이 영화를 보고 있노라면 나 역시 그녀처럼 무작정 여행을 떠나고픈 충동을 느낀다. 익숙하고 안온한 일상에서 벗어나 낯선 세계에 발을 들이고 싶어진다. 여행은 낯선 세계 속으로 뛰어드는 것이기도 하지만, 그 낯섦을 통해 나를 돌아보는 기회를 주기도 한다. 어찌 보면 여행이란 '내 안의 나'를 발견하는 가장 심오한 탐험인지도 모른다.

쳇바퀴 돌듯 반복되는 일상에 갇혀 있다면, 그 익숙함을 깨고 전혀 낯선 곳에 들어서는 시도를 해보자. 그 낯선 세계는 지구 반 바퀴를 돌아서 당도한 이국땅일 수도 있고, 책 속에 펼쳐진 세상일 수도 있으며, 상상으로 구축된 영화일 수도 있다. 그것이 무엇이든 열린 마음으로 바라보기 시작하면 거기엔 온통 새롭고 흥미로운 것들 천지다. 그렇게 삶은 확장되고 우리는 성장한다.

그중 자연은 우리 삶을 돌아보게 하는 가장 큰 스승이다. 맑은 공기와 청정한 물, 그리고 푸른 숲을 갖춘 강원도로 달려가면 나는 어느새 마음이 여유로워지고 가슴이 활짝 열린다. 하얀 눈이 내려 온 세상이 하얗게 변한 강원도의 멋진 슬로프에서 숨을 몰아쉬며 스키를 타면 짜릿한 희열이 와락 덤벼드는 경험을 할 수 있다.

스피드의 희열만 있는 게 아니다. 여름철, 정상을 향해 고되고 힘든 길을 걸을 땐 그 묵묵한 발자국 속에서 용기와 인내를 얻을 수 있다. 자연은 장엄함과 아름다움으로 경탄을 자아내게 하는가 하면, 한없이 큰 그림자를 드리우며 인간을 겸허하게 만들기도 한다.

주변의 젊은이들이 미래를 고민할 때는 제일 먼저 독서를 권한다. 책은 무척 저렴한 가격으로 다른 이의 인생을 통째로 만날 수 있는, 가장 값진 보물이기 때문이다. 그다음으론 영화다. 단단하게 굳은 머리를 두드리고, 메마른 가슴을 적시기에 영화만큼 좋은 콘텐츠가 없다.

로맨스, 전쟁, 공포, 공상과학, 판타지, 역사, 음악 등 어떤 장르라도 좋다. 다양한 주제와 장르를 오가며 인생살이를 간접 경험하는 것은 또 다른 인생 공부다. 거기서 순간의 즐거움을 얻을 수도 있고,

잔잔한 위로를 받을 수도 있으며, 인생을 뒤바꿀 천둥 같은 울림을 들을 수도 있다.

눈을 크게 뜨고 한껏 마음을 열어 세상과 만나면 우리 주변은 온통 스승으로 가득 차 있다.

인생을 바꾼
한 번의
만남

우리의 삶은 만남의 연속선상에 있다. "우리는 자주 만나는 다섯 사람의 평균이 된다"는 말처럼 우리가 만나는 사람들은 삶에 지대한 영향을 미친다. 뜻과 마음을 나누는 친구, 손수 모범을 보이는 스승, 서로 소통하며 상생의 발전을 하는 멘토 등, 우리가 만나는 모든 사람들은 우리와 무관하지 않다. 어떤 이와 만나느냐에 따라 더 나은 사람이 되기도 하고 그 반대가 되기도 한다.

꿈이라는 불씨를 가슴에 새겨준 만남

오랜 기간 경영의 세계에 몸담고 다양한 사람들과 교류하다 보니 변화를 두려워하지 않으면서 늘 성장하는 사람들을 만나게 된다. 문득 그런 이들은 어떤 특징을 갖고 있는 것인지 궁금해졌다. 그들이 단단한 성공을 만들어낸 비결은 무엇일까? 열정, 꿈, 노력, 긍정, 행운, 성실, 실력, 끈기, 가치관, 자신감, 건강, 용기 등 다양한 요소를 꼽을 수 있을 것이다. 하지만 나는 '사람과의 만남'을 꼽고 싶다.

미국에서 유복자로 태어난 16세 소년 빌은 1963년, 미국재향군인회가 설립한 훈련기구 '보이스 네이션Boys Nation'의 아칸소 주 대표로 선발되어 백악관을 방문한다. 그는 당시 대통령인 존 F. 케네디를 만나 악수를 하고, 그 만남을 계기로 정치가가 될 것을 결심한다. 백악관에서 케네디 대통령을 만난 소년 빌은 정확하게 30년 후, 미국의 제42대 대통령으로 취임한다. 그가 바로 빌 클린턴 대통령이다.

소년 빌 클린턴이 백악관을 방문하기 1년 전 케네디 대통령을 만난 또 한 명의 소년이 있었다. 당시 18세였던 대한민국의 고등학생. 그는 세계 42개국 102명의 학생들과 함께 미국 적십자사의 초청을 받았는데, 한 달간 미국을 방문하여 전국을 둘러볼 수 있는 기회를 얻었다.

그 학생은 "세상에는 사이가 나빠 서로에게 우호적이지 않은 나라들이 있지만, 국가 간의 관계와 상관없이 사람들끼리는 잘 지내는 경우가 많다. 미래의 희망인 여러분이 앞으로 주된 역할을 해야 한다"라는 케네디 대통령의 당부를 기억하며 당시의 만남을 회상했다. 이 만남을 통해 한국의 시골 소년은 외교관의 꿈을 키웠고, 대한민국의 외교 수장을 거쳐 UN 사무총장에까지 오를 수 있었다. 그가 바로 반기문 사무총장이다.

사업가 손정의는 경영계의 거목이 된 자신의 성공 뒤에 스승 사사키 다다시의 가르침이 있었다고 말한다. 손정의가 사사키 다다시의 99세 생일을 축하하며 나눈 대화는 이를 집약적으로 보여준다.

"버클리 학생이었던 제가 만일 사사키 선생님을 만나지 못했더라면…. 사사키 선생님, 모든 것은 선생님과의 만남으로부터 시작되었습니다. 감사합니다."

"이게 마지막 만남일지 모르겠군. 자네가 성공한 모습을 보니 좋네."

이처럼 어떤 사람을 만나느냐에 따라 마음속에 불씨가 생겨나기도 하고 꺼지기도 한다. 영감을 주는 사람과의 만남은 인생 전체에 영향을 미치며 전혀 다른 삶을 사는 변곡점이 된다.

모든 사람은 한 권의 책과 같다

돌이켜보면 내게도 평생 동안 기억되는 소중한 만남이 있다.

육사 입교 일주일 전, 당신 집으로 초대하여 정성스런 저녁상을 차려주시고 꼭 훌륭한 사람이 되라고 당부하시던 중앙고등학교 3학년 때의 정운택 담임 선생님. 제자의 마음을 어루만져주시던 선생님께 큰절을 올리고 훌륭한 사람이 되겠노라 약속했다.

시간이 흘러 뉴욕에서 현지법인장을 할 때 재미 중앙고등학교 동창회의 초청으로 정운택 선생님이 뉴욕을 방문하셨다. 이번에는 내가 선생님을 집으로 모셔와 극진히 저녁식사를 대접할 수 있어 행복했다.

육사 대표화랑 출신으로, 전역을 결심하고 고민되는 마음을 의논할 때 칸트의 일관성 있는 삶과 마오쩌둥의 변화를 추구한 삶의 방식을 조언해주신 강창희 전 국회의장님. 얼마 전 현직 국회의장실을 방문해, 칸트와 마오쩌둥의 이야기를 거의 40년 만에 다시 나누며 옛 추억을 더듬었다.

만 서른 살의 나이에 뉴욕 현지법인장으로 파견된 내게 인생의 기회를 만들어주고 사업상 배수진의 극기를 가르쳐주신 전 유원그룹 이영기 부회장님. 그분이 내게 주었던 뉴욕 현지법인장의 기회가 없었다면, 장수 CEO라는 나의 경력은 존재하지 못했을 것이다. 그는 나를 경영자로 살아가게 한 인생의 은인이다.

그런포스 그룹의 닐스 듀 옌슨 회장에게서는 사람을 소중히 여기는 마음을 배웠다. 2001년 9월 11일 저녁, 그가 덴마크의 작은 도시인 실커보그에 있는 조그만 식당으로 나에게 전화를 했다.

그날 낮, 복도에서 마주친 글로벌 CEO 제이 제이 매드슨이 "뉴욕의 세계무역센터가 테러로 불타고 있다"고 이야기했다. 나는 "농담이 지나친 것 아닙니까?"라고 반응했지만, 그것은 고약한 농담이 아니라 실제 상황이었다. TV를 보고 나는 충격에 빠졌다. 아들이 불타고 있는 뉴욕의 세계무역센터 가까운 곳에서 일을 하고 있었고, 딸도 몇 블록 떨어져 있는 뉴욕대학에 다니고 있었기 때문이다.

아이들과 연락이 닿지 않아서 걱정스런 마음을 한켠에 숨기고 세계 판매담당 소렌슨 수석 부회장과 저녁을 하고 있었는데, 닐스 듀엔슨 회장이 그 작은 식당을 찾아내 전화를 한 것이다. 그는 "뉴욕의 아들과 딸의 소식을 확인했느냐?"고 내게 물었다. 기대치 않았던 감동의 전화였다. 그런 감동을 매번 느끼며, 그런포스 그룹에서 25년간 CEO로 경영에 임했다.

40년지기인 아주그룹의 문규영 회장과는 18년간 일어와 중국어를 함께 공부하며 평생 우정을 나누는 친구다. 마음도 배움도 함께 나누며 우리는 서로에게 더 좋은 자극이 된다.

이처럼 좋은 만남은 우리를 더 나은 사람이 되고 싶도록 만들고 자신을 넘어서는 변화를 가져오게 한다. 지금 이 순간 당신은 누구를 만나고 있는가? 그 만남에서 무엇을 읽어내고, 무엇을 얻는가?

인생의 길을
밝혀주는
한 권의 책

빌 게이츠는 "오늘의 나를 있게 한 것은 우리 마을 도서관이었다. 하버드 졸업장보다 소중한 것은 독서하는 습관이다"라고 말했다. 그는 1년에 300권 이상의 책을 읽는 다독가이며, 손에서 책을 놓는 법이 없다. 클린턴 대통령의 자서전《빌 클린턴의 마이 라이프My Life》를 보면, 그 역시 엄청난 양의 독서를 했음을 알 수 있다. 세계적인 경영자들과 국가를 이끄는 리더들 중 책을 멀리한 예는 드물다.

작지만 강한 힘, 책에서 나온다

독서는 좋은 아이디어가 떠오르지 않아서 고민할 때는 좋은 전략과 지혜를 주고, 중심이 흔들리거나 확고한 결심이 서지 않을 때는 결단력을 제공해준다. 밤잠을 이루지 못할 고민이 있을 때는 용기를 주고, 여행할 때는 길잡이가 되어준다. 기업을 경영하고 리더십을 발휘할 때 이정표가 되어주며, 인생관을 정립할 때 큰 깨달음을 준다. 돌이켜보면 평생 읽은 책 몇 권이 나의 삶에 미친 영향은 실로 어마어마하다.

CEO 생활을 하면서 가장 많은 영향을 받은 책은 삼성그룹의 창업자 이병철 회장에 관하여 삼성 경제연구소에서 발간한《호암의 경영철학》이다. 경영을 하며 난관에 부닥치고 새로운 활로를 모색해야 할 때마다 그 책에서 이병철 회장의 경영철학을 만나고, 위기를 극복할 통찰을 얻었다. 삼성의 당시 경영이념은 '인재 제일', '사업보국', '경영 합리'였다. 개인적인 생각이지만, 오늘날의 글로벌 삼성은 호암 이병철 회장의 확고한 경영이념이 뿌리내린 결과라 할 수 있다.

20대 후반 사회에 진출한 나는 첫 번째 직장인 진흥요업의 수출팀 과장이었다. 세라믹 타일과 식기류, 피겨린 등의 요업 제품 수출을 위해 샘플을 들고 전 세계에 출장을 다녔다. 그 당시의 요업은 우리나라의 10대 전략산업이었으며, 이한빈 부총리로부터 수출하느라고 고생이 많다며 점심 식사에 초청받을 정도로 주요한 산업이었다.

한번은 뜨거운 태양이 내리쬐는 사우디아라비아의 한 건설현장에 세일즈를 하기 위해서 방문했다. 이때 고객사의 구매 담당 임원이 한 권의 책을 권했다. 사막까지 와서 세일즈를 하러 다니는데,《불모

지대》라는 책을 읽어보았는지 물어온 것이다. 아직 읽지 못한 책인지라 즉시 본사에 요청하여 현지에서 책을 받아서 단숨에 읽었다.

소설 《불모지대(不毛地帶)》의 주인공 긴키상사의 모델이 된 이키 다다시는 일본 육사 출신으로, 추후에도 일본과 한국에 많은 영향을 미친 실존 인물이다. 이 책에서 세일즈맨십, 불굴의 도전정신, 그리고 세계를 넘나드는 전문 국제 비즈니스맨으로서의 자세 등을 배웠다. 캄캄한 밤중에 중동 사막의 노천 유전에서 활활 타오르는 불길 옆을 달리며 '세일즈맨의 25시'라는 낭만을 느꼈던 추억은 지금 생각해도 가슴이 뛴다.

책으로 만나는 세상은 무한하고 무궁하다

나는 여러 분야의 책 중에서도 특히 자서전을 주로 탐독하는 편이다. 일가를 이룬 이들의 삶에서 성공 비결과 평생 그들을 이끌어온 인생관이나 기업이념을 만나는 것이 즐겁기 때문이다. 그중에서도 30대 시절에는 우리나라에서 가장 큰 기업을 일으킨 삼성의 이병철 회장, 현대의 정주영 회장, LG의 구인회 회장 등 창업주에 관련된 서적을 집중적으로 읽었다.

그러다가 CEO 생활을 하던 30대 후반에 아주 특별한 한 권의 책을 만난다. 당시 나는 믿었던 사람에게서 사업상 배신을 당해 몹시 힘겨운 상황이었다. 화병으로 몸의 일부에 마비가 온 탓에 매일 대형 장침을 맞았고, 한 달 만에 체중이 10킬로그램이나 빠질 정도로 밤잠을 설치며 고민했다. 그때 나를 일으켜 세워준 책이 소설《대망(德川家康)》이다.

이 책은 일본 역사의 중심이 되었던 오다 노부나가, 도요토미 히데요시, 도쿠가와 이에야스 세 사람의 영웅에 관하여 쓰여진 이야기다. 당시 일본이 2차 세계 대전에서 패망한 후에 무너진 일본인들의 자긍심을 세워주고 사기를 북돋는 데 크나큰 역할을 했다.

파란만장했던 영웅들의 삶과 사무라이 정신, 다이묘(제후)들의 치열한 생존 전략과 리더십이 살아 움직이며 내게 말을 걸어왔다. 작가가 20년 동안 신문에 〈도쿠가와 이에야스〉라는 제목으로 일일 연재하며 일본인들에게 보낸 메시지를 보면서, 번뇌와 갈등으로 가득한 나의 생각을 정리할 수 있었다. 또한 마음을 다잡고 결단을 내리는 용기를 품을 수 있었다.

40대에 들어서면서부터는 경영전략 서적을 좋아했고, 경영학 박사를 전공하며 전문 서적도 많이 접했다. 50대 초반이 되면서는, 60세 전후가 돼서 은퇴할 때가 되면 심경이 어떨까를 생각해보았다. 그래서 그와 관련한 책들을 탐독했다.

평생 CEO라는 명패를 달고 전속력으로 달려온 인생이 은퇴라는 급정거를 하게 되면 많은 충격이 올 것 같았다. '어떻게 하면 연착륙을 하고 더욱 멋진 제2의 인생을 설계할 수 있을까?' 그런 고민 끝에 시작한 것이 동양 고전 공부다.

월요일 아침 새벽 6시 또는 6시 30분에 시작되는 고전 공부는 은퇴 후의 내 삶을 더욱 풍요롭게 만들어주었다. 새벽 공부로 몸은 피곤했지만 마음은 한없이 가볍고 여유로워졌다. 고전에서 만나는 지혜는 철학적 사고의 폭을 넓혀주었으며, 리더로서 삶을 대하는 태도를 다시 점검하게 해주었다.

그렇게 공부한 지 어느새 10년. 각 분야 전문가이자 권위자인 교수님들과 한문 원어로 4서인《논어》,《맹자(孟子)》,《대학》,《중용》을 읽고,《노자(老子)》,《장자(莊子)》강의도 두세 번씩 들었다.《주역(周易)》,《손자병법(孫子兵法)》,《사기열전(史記列傳)》,《고문진보(古文眞寶)》등도 흥미를 갖고 학습했다. 지금은《심경(心經)》을 공부하고 있고 아직도 더 많은 공부를 해야 하지만 고전을 접하면서 이제 평생을 살아갈 마음 자세를 굳건히 하고, 사회 리딩 그룹의 일원으로서 무엇을 해야 할지를 확고히 다지고 있다. 제2막의 인생도 멋지고 활기있게 열어가는 중이다.

이 모든 것이 다 책을 통해 얻은 용기와 지혜 덕분이다. 지금도 보석 같은 책을 발견하고, 저자의 내밀한 세계와 만날 때면 행복에 젖어든다.

성공과 실패,
긍정과 부정,
무엇을 만날 것인가

긍정적인 사람은 자신과 주변에 활기를 불어넣고 행복 바이러스를 전달해준다. 반면 부정적인 사람은 늘 다운돼 있으며 덩달아 주변을 우울하게 한다. 감정은 전염성이 강해서 어떤 사람과 있느냐에 따라 주변 사람도 많은 영향을 받는다.

마쓰시타 회장의 세 가지 은혜

일본에서 경영의 신으로 불리는 파나소닉Panasonic의 마쓰시타 고노스케 회장의 성공 스토리는 여러 책과 다양한 자료를 통해 이미 잘 알려져 있다. 그럼에도 그의 스토리는 읽을 때마다 매번 새로운 감동을 준다. 그 이유는 성공을 이루기까지의 과정이 남다르기 때문이다. 마쓰시타 회장의 성공은 무엇으로 가능했던 걸까? 그는 자신이 성공할 수 있었던 이유가 세 가지 은혜 때문이라고 말한다.

첫째, 집이 몹시 가난해서 어릴 적부터 구두닦이, 신문팔이를 하며 고생을 많이 한 마쓰시타 회장은 다양한 인생 경험 덕분에 웬만한 시련쯤은 거뜬히 버텨낼 힘과 지혜를 터득했다. 둘째, 태어났을 때부터 몸이 몹시 약했던 탓에 항상 운동에 힘썼고, 그 덕분에 건강을 유지할 수 있었다. 셋째, 초등학교조차 다니지 못했기에 남들 앞에서 잘난 체하는 교만함이 없었다. 그러니 누구를 만나도 늘 묻고 배우는 자세가 몸에 배어 있었다.

그가 지닌 결핍이 오히려 앞으로 나아가게 하고 성장시키는 동력이 된 것이다. 그런 상황에서 마쓰시타 회장과 같은 선택을 하기란 말처럼 쉽지 않다. 아마 대부분의 사람들은 가난함을 비관하고, 건강하지 못함을 한탄하고, 배움이 짧음에 열등감을 느꼈을 것이다. 반면 그는 자신이 가진 것이 없기에 더 채울 수 있다 여겼고, 약하기에 강해질 가능성 또한 크다고 느꼈다.

긍정과 부정 중 무엇을 취할 것인가? 타고난 상황은 정해져 있지만, 그 안에서 어떤 태도를 취할 것인가는 각자가 선택할 수 있다. 그리고 그 선택에 의해 우리의 인생은 달라진다.

동양 고전《장자》의 〈내편〉 중 〈인간세편〉에 '지리소의 팔자'라는 고사가 나온다. 지리소라는 사나이는 턱이 배꼽에 닿고 어깨는 목보다 높으며 목뼈는 하늘을 향해 있다. 오장의 위치가 머리보다 위에 있으며, 두 넓적다리가 옆구리에 와 있는 곱사등이다.

등이 휘어 있기 때문에 바느질이나 빨래를 하는 데는 안성맞춤이므로, 사방에서 데려다 일을 시키는지라 먹고 지내는 데는 아무 격정이 없어서 가족 열 사람을 넉넉히 먹여 살릴 만했다. 나라에서 군인을 징발할 때에는 뽑혀갈 걱정이 없었기에 두 팔을 내저으면서 그곳에 나타날 수가 있었다.

그런 신체적 결함 때문에 다른 이들이 큰 공사판 부역꾼으로 끌려나갈 때도 그만은 제외되었고, 나라에서 구제가 있을 때면 쌀 석 종(鍾)에 장작 열 단은 꼭 받는 늘어진 팔자였다. 육신이 뒤죽박죽이었지만 그로 인해 얻게 되는 이득 또한 있었던 것이다. 힘겨운 상황에서도 좋은 면은 있게 마련이다.

그러니 작은 결함이나 결핍을 핑계 삼아 인생을 비관할 이유가 있을까? 무엇을 보고 무엇을 취할 것이냐에 따라 상황은 다르게 다가온다. 긍정하면 긍정할 일이 생기고 부정하면 자꾸 부정할 일이 생긴다.

긍정이야말로 성공을 부르는 가장 확실한 주문

웅진그룹 윤석금 회장은 그의 저서 《사람의 힘》에서 긍정과 행복의 관계를 강조하는데, 주요 내용을 정리하면 다음과 같다.

보지 못하는 사람들에 비하면 본다는 혜택을 누리는 우리는 얼마나 행복한가? 자신이 가진 것을 생각하고, 그것에 감사할 때 행복이 커진다. 말이란 말로 끝나지 않고, 그 사람의 사고와 행동을 지배하게 된다. 행복하려면 행복해지는 말을 써야 한다. 긍정적인 말은 사람의 몸에 에너지를 불어넣고, 자신감 있는 말은 자신과 주변 사람을 행복하게 만든다. 행복하려면 먼저 자신을 소중하게 여겨야 한다. 자신을 귀중하게 생각해야 주변 사람들에게도 존중을 받는다. 감사한 마음을 품으면 세상이 달리 보인다. 미래의 행복은 언제나 현재를 받아들이는 것에서 시작한다.

우리 가족은 해방 후 이북에 고향을 두고 서울로 내려왔고, 6·25 한국전쟁이 발발하자 다시 부산으로 피난을 가야 했다. 나는 전쟁 중에 경상북도 감포에서 태어났고, 전쟁이 끝나자 가족들이 충청북도 충주로 집을 옮겼다. 그곳에서 아버지의 사업이 활발했던 덕에 초등학교에 입학할 때까지 유복하게 자랐다. 지금도 넓었던 마당에서 각종 채소를 기르던 일, 갖가지 예쁜 꽃이 피었던 꽃밭에서 사진을 찍고 토끼와 다람쥐를 기르던 일이 생각난다.

그러나 아버지의 사업이 어려워지면서 우리는 서울로 이사를 했다. 회현동과 신문로에 살다가 중고등학교 시절은 서대문구 홍제동에서 자랐다. 지금도 그때의 주소를 잊지 않고 있다.

서대문구 홍제동 산 1번지 16통 3반. 그 당시는 무허가 집들이 즐비하게 들어서 있었고 나는 인왕산에 자주 올라가서 놀곤 했다.

내가 다니던 중앙중학교와 고등학교는 만원버스를 타고 종로 2가에서 내려 한참을 걸어가면, 계동 골목 끝에 있었다. 학교에서 돌아오면 가방을 던져놓고 제일 먼저 아랫동네로 내려가 물지게를 진다. 물통에 물을 받아 지게 양쪽에 달고, 땀을 뻘뻘 흘리며 언덕을 올라와서 큰 물독에다 옮겨 담아 쓰곤 했다. 생활이 어려운 시절이었지만 어머니께서는 새 학기가 되면 새 책과 새 교복을 사주셨다. 항상 긍정적이셨던 어머니 덕분에 나는 우리 집이 가난하다는 생각은 한 번도 해본 적이 없다. 학교생활은 신이 났고 공부도 열심히 했다. 그러던 어느 날 "우리 집은 현재 가난한 형편"이라던 형님의 말에 매우 분개했던 기억이 난다.

고등학교 2, 3학년 때는 어머니께서 항상 도시락 2개를 싸주셨다. 하나는 점심 때, 다른 하나는 방과 후에 먹었다. 그러곤 도서관에서 공부를 하고 교문 닫을 시간에 집으로 돌아왔다. 생활이 넉넉지 않아 과외공부는커녕 학원 한번 다녀보지 못했다.

하지만 가난한 어린 시절은 내게 더욱 소중한 것들을 깨닫게 했다. 가진 것이 없다 보니 작은 것에 감사할 줄 알았고, 돈이나 물질보다 더 중요한 것은 사람임을 일찍이 깨달았다. 가까운 친구나 선후배 간의 우정은 내게 무척이나 소중했다. 나의 재산은 '사람'뿐이라는 생각으로 학교를 다닌 덕분에 중학교 때와 고등학교 때 학생회장을 했고, 졸업식 때마다 공로상을 수상했다.

어려웠던 시절 덕분에 철이 일찍 들었고, 누구보다 내면이 단단한 사람으로 성장했다. 그래서 만 30세부터 지금까지 CEO를 하고 있다. 한평생 긍정적으로 살아왔기에 요즈음은 가끔 뒤를 돌아보며 '나는 긍정병 환자'라는 생각을 하며 혼자 미소 짓는다.

건강해야 일도 잘 풀린다

이 세상에서 가장 큰 부자는 누구일까? 나는 가장 큰 부자는 '건 강 부자'라고 생각한다. 친구 중에는 우리나라에서 가장 돈이 많은 집안의 아들도 있고, 세계에서 제일 좋은 대학에서 박사학위를 받은 이도 있다. 하지만 불행하게 50세를 전후해 타계하는 이들이 많아 너무도 안타까웠다.

긍정적인 마음도 성공하는 삶도, 건강이 뒷받침되어야 의미가 있 다. 하림통상과 모회사인 유원건설의 뉴욕 법인장을 마치고 귀국하 여 하림통상의 대표이사를 할 때의 일이다. 매년 연말이 되면 그룹 에서 모든 임원들에게 백지사표를 내도록 했다. 사표가 받아들여지 면 그날로 실업자가 되는 것이다.

불현듯 '젊은 CEO가 갑자기 실업자가 되면 어떡하지?'라는 의문 이 들었다. 그리고 위기 상황이 닥치면 가장 중요한 것은 건강이라 는 생각에, 체육관 회원권을 준비했다. 건강해야 노동을 할 수 있고, 건강해야 힘든 일을 극복할 에너지를 낼 수 있지 않은가. 정신이 몸 을 지배하기도 하지만, 반대로 몸의 건강이 정신과 마음의 건강을 지배하기도 한다.

나는 'Since 1987'이라고 농담하며 그랜드 하얏트 호텔 피트니스 센터를 31년째 다니고 있다. 긍정적인 생각과 행동을 하면 좋은 에너지가 나오고 더불어 운도 좋아진다. 건강하면 긍정적이고, 일도 잘 풀리는 원리는 이 때문이다.

노력하고 애를 써도 시련과 실패는 찾아온다. 피해가면 좋겠지만 원치 않아도 힘겨운 상황에 놓일 때가 있다. 시련과 실패는 우리가 선택할 수 없지만, 그것을 대하는 태도는 선택할 수 있다. 긍정적인 태도야말로 성공을 부르는 가장 확실한 주문이다.

새로운 시작,
그런포스와의
만남

코펜하겐의 한 호텔에서 눈을 떴다. 창문을 여니 작은 호수에 백조가 노닐고 있어 동화 같은 풍경이 펼쳐졌다. 아름다운 풍경에 취해 시내를 한 바퀴 둘러보고자 택시를 탔다. 택시 기사와 이야기를 나누다 "혹시 그런포스라는 회사를 아느냐?"고 물었다.

그랬더니 "그 회사 망하지 않았어요?"라는 질문이 돌아왔다. 이유인즉슨 그런포스의 펌프는 워낙 튼튼하고 품질이 좋아 고장이 안 나기로 유명하다는 것이다. 그러니 장사가 잘될 리 없지 않겠느냐는 농담조의 얘기였다.

해프닝 같은 대화로 유럽인들이 갖고 있는 그런포스의 기업 이미지를 단박에 확인할 수 있었다. 그리고 그곳에서 일하겠다는 결심을 굳히는 계기가 되었다.

글로벌 기업에서 또 다른 세상을 만나다

내가 그런포스 같은 초일류 글로벌 기업과 만나게 된 것은 행운이었다. 세계 최고의 글로벌 기업에서 경영에 참여한다는 것은 남다른 의미를 내포한다. 글로벌적 사고방식에 기인해 행동할 뿐 아니라 글로벌 무대에서 주효한 협상력과 리더십을 발휘하는 프로 국제 비즈니스맨이 될 수 있다는 뜻이기도 하다.

작게는 드레스 코드에서부터 시작해, 토론식 회의 운영, 크고 작은 이벤트와 스피치, 글로벌 에티켓, 56개국에 달하는 전 세계 리더들과의 교류 및 네트워킹, 글로벌 경영 등 참으로 많은 것을 학습하고 실전으로 경험할 수 있었다.

무엇보다 글로벌 기업 그런포스에서 일하며 세계 일등은 아무나 할 수 없음을 체득했다. 일등이 되기 위해선 첫째, 확고한 경영이념의 수립 및 실행, 둘째, 미래를 내다보는 전략적 혜안, 셋째, 혁신성을 갖추고 있어야 한다. 당장의 성과를 내는 것뿐 아니라, 수십 년 후를 내다보는 미래전략까지 두루 갖추고 있어야만 세계 챔피언을 넘볼 수 있다.

행복지수 1위인 덴마크의 정직함과 신뢰가 몸에 배어 있는 사람들과 회사의 발전을 도모하며 함께 일했던 경험은 그 자체로 멋졌다. 그런포스 타이완과 일본 그리고 중국과 연계된 비즈니스도 협업을 통해서 여러 방향으로 진행했다.

그런포스 그룹 차원에서 글로벌 인재를 선발하고 평가하는 프로그램을 처음 만들 때부터 계속 참여함으로써 세계의 많은 인재들을 선발하고 평가하는 일을 했다. 무엇보다 글로벌 인재들과 교류할 수 있었던 것은 내 삶의 지평을 넓히는 데 있어 참으로 소중한 시간이었다. 그런포스 일본 사장과 대만 사장은 내가 주도하여 채용했다. 조직의 책임자를 선별하는 일은 어려운 만큼 가치 있는 경험이었다. 1년에 한 번씩 돌아가며 전 세계에 있는 자회사에서 사장단 회의가 열리는데, 이를 통해 각 국가나 지역마다 다른 문화와 사업 방식을 접할 수 있었다.

국내에서의 사업성과도 있었다. 그린필드 투자Green Field Investment를 통해서 공장 부지를 매입하고 공장을 4차에 걸쳐서 신축했으며, M&A를 통해 2개의 국내 회사를 인수했다. 장기간 CEO를 하면서 내가 설계한 목표와 계획을 꾸준히 밀고 나갈 수 있었는데, 그 과정에서 4년 만에 매출을 2배로 성장시키는 '2 in 4' 전략을 통해 쾌거를 이룬 것도 그중 하나다.

그런포스에서 일한 25년의 세월이 남긴 것

그런포스에서 일한 25년이란 시간은 내게 아주 소중한 경영 여행과도 같다. 글로벌 기업의 한국 CEO로 있으면서 국내 시장의 조감도를 그려볼 수 있었고, 전 세계 시장을 보는 너른 시야를 얻을 수 있었다. 글로벌 기업의 특성상 전 세계에 네트워크를 구축할 수 있다는 장점을 활용해 좋은 인연을 맺었다.

경영의 선봉에 선 리더, 즉 CEO가 오랜 기간 근무하는 것은 기업의 비전과 목표를 지속성 있게 밀고 나가는 데 있어 절실한 일이다. CEO가 자주 바뀌면 조직의 경쟁력이 약화되고, 기업의 이념과 문화를 정착시키기가 쉽지 않다. 리더가 바뀔 때마다 목표가 바뀌고, 구조가 바뀌고, 전략이 달라짐으로써 얼마나 많은 기업들이 시행착오를 겪었는지 생각해보자.

한국그런포스펌프의 창립 25주년을 맞아 그간의 기업사를 정리한 《아름다운 유산Beautiful Legacy》이라는 책을 한 권 남겼다. 한국그런포스펌프의 역사는 초대 창립 CEO로서 나의 역사와도 맥을 같이하기에 더 특별하다. 그룹의 닐스 듀 옌슨 회장 부부와 그룹 회장의 아들이며 아시아 태평양 지역 회장인 폴 듀 옌슨 부부, 손녀들, 그리고 글로벌 CEO, 핵심 경영진들이 모두 한국에 와서 나의 은퇴를 축하해주었다.

몸담았던 기업에서 아름답게 퇴장할 수 있다는 것은 경영자로서 더할 나위 없이 명예로운 일이다. 그리고 25년 동안의 모든 결실을 내가 사원으로 채용한 후임 신현욱 대표이사를 포함해 전 직원들에게 유산으로 남겨주었다. 기업의 발전을 위해 내 능력을 펼쳤으며, 그곳에서의 시간은 내 인생에도 '아름다운 유산'을 남겼다. 더할 나위 없이 아름다운 마무리였다.

성장을 돕는 환경은
스스로
선택할 수 있다

"작은 연못에 머무를 것인가? 아니면 저 드넓은 대양으로 뻗어 나아 갈 것인가?"

사람에게는 무한한 가능성이 있기에, 어떤 환경을 선택하고 어떤 사람들과 어울리는가에 따라 가능성의 폭발력도 달라진다. 이는 아이를 위해 세 번이나 이사를 간 맹모삼천지교 이야기와 맥이 통한다.

그간 많은 책과 이론들이 개인의 노력과 의지력으로 인생을 혁신하라고 강조해왔다. 그러나 나는 생각이 다르다. 개인의 노력과 의지력이 중요한 것은 부인할 수 없지만, 사람의 성장과 변화가 100퍼센트 개인의 의지, 노력, 열정만으로 이뤄지는 건 아니다. 그것을 가능케 하는 최적의 조건과 환경 설계가 뒷받침되어야 한다.

인간을 바꾸는 세 가지 방법

일본의 맥킨지McKinsey & Company 사장과 아시아 태평양 지역 회장을 역임한 일본의 전략가 오마에 겐이치의 삶을 통해서도 환경 설계의 중요성을 엿볼 수 있다.

《The Next Global Stage》라는 책을 보면 그는 30년 동안 업무 또는 휴가 목적으로 60개국을 방문했으며, 미국은 400번 이상, 한국과 타이완은 각각 200번, 말레이시아는 100번, 그리고 중국은 1년에 여섯 번씩 방문한다는 이야기가 나온다. 단순히 많은 나라를 다녔다는 것을 자랑하는 말로 이해하면 오산이다. 자신을 둘러싼 환경과 삶의 조건을 버라이어티하고 글로벌하게 유지했다는 뜻이다. 이런 경험을 통해 그는 세계를 입체적이고 현실적으로 들여다볼 수 있었다.

연초에 세운 계획이 작심삼일로 끝나는 일이 얼마나 많은가. 마음으로 다짐하고 결심하지만 이내 흐지부지되는 일은 또 얼마나 잦은가. 우리의 결심과 의지가 부족해서일까? 아니면 습관의 문제일까? 혹은 최선을 다해 노력하지 않아서일까? 그보다는 결심을 실행으로 옮기기 위한 구체적인 조건이 제대로 설계되어 있지 않기 때문이다.

오마에 겐이치는 인간을 바꾸는 방법은 세 가지뿐이라고 말한다. 시간을 달리 쓰는 것, 사는 곳을 바꾸는 것, 새로운 사람을 사귀는 것. 이 세 가지 방법을 실천하지 않고, 그저 결심만을 새로이 다지는 것은 무의미한 행위라는 것이다.

내가 처음으로 시간과 공간에 대한 생각을 하고 경험을 한 것은 뉴욕에 주재하면서 출장을 다닐 때였다. 뉴욕에서 시카고까지의 거리는 대략 서울에서 일본 동경까지의 거리와 비슷하다. 아침 일찍 차를 몰고 뉴욕 라과디아 공항에 가서 주차를 하고, 시카고까지 약 두 시간 정도 비행기로 날아가서 일을 한다. 점심 식사 후에 오후 업무를 보고 뉴욕으로 돌아온다.

여행이 자유로운 지금은 별 것이 아닌 이야기지만, 35년 전만 해도 상황은 달랐다. 당시에는 일본 동경으로 출장 떠나는 사장님을 전 임원이 김포공항에 나가 환송하던 시절이다. 그러니 서울과 동경 거리인 뉴욕과 시카고를 아침에 출발해서 저녁에 돌아온다는 것은 한국에서는 상상하기 어려웠다. 이처럼 공간과 시간에 대한 인식은 하루가 다르게 바뀌고 있다.

하루 24시간을 짜임새 있게 잘 쓰면 다른 이의 두세 배에 해당하는 시간이 될 수도 있다. 마찬가지로 널찍한 공간을 수시로 이동하다 보면, 희한하리만치 사고와 행동의 추이도 훨씬 담대해진다.

일례로, 미국에서 운전하고 열 시간 정도 출장을 가는 것은 보통 있는 일이다. 한국의 경우는 대략 부산에서 평양을 지나서 신의주까지 가는 거리와 맞먹는다. 국토 면적이 좁다 보니 우리나라에서 열 시간을 운전하고 갈 기회는 많지 않으며, 막연히 굉장히 멀고 힘든 거리라고 인식한다.

그러나 미국에서는 열 시간 정도는 자주 이동하는 거리다. 이처럼 넓은 땅에서 살며 일하다 보면 시간과 공간에 대한 개념, 태도의 스케일이 커진다.

우리는, 자신이 믿고 기회를 주는 만큼 성장한다

우리나라는 천연 자원이 부족해 해외 의존도가 큰 경제 구조를 갖고 있다. 해외 시장을 제대로 이해하기 위해서는 어리거나 젊은 시절부터 세계를 여행하며 시간과 공간에 대한 개념을 넓혀놓는 것이 좋다. 동북아시아에 대한 전략적 개념, 동남아를 포함한 전 아시아적 전략, 나아가서 태평양 지역, 미주, 유럽 그리고 남반부를 포함한 세계 전략. 이 모든 걸 이해하고 운영하기 위해서는 직접 보고 듣고 느끼는 것만큼 좋은 것이 없다. 백문불여일견(百聞不如一見)이다.

예전에는 유럽 출장을 다니는 일이 여간 불편했던 게 아니었다. 모든 나라에 들어갈 때마다 입국 심사를 받고, 개별 국가의 화폐로 환전해야만 했다. 지금은 EU 국가들의 경우에 입국 심사도 없고, 단일 화폐인 유로를 사용한다.

일반인의 경우, 불과 몇십 년 전만 해도 특별한 일이 있어야만 비행기를 탈 수 있었다. 하지만 지금은 누구나 쉽게 해외에 나갈 수 있으며, 마음만 먹으면 언제든지 대한민국을 벗어나 다른 어떤 나라라도 갈 수 있다. 국가와 국가 사이에 존재하는 국경이란 의미가 점점 사라지고, 지구촌이 하나의 세상으로 확장돼가고 있다.

나는 평소에 젊은이들에게 이런 이야기를 자주 한다. "저 드넓은 태평양이나 대서양과 같은 오대양을 휘젓고 다니는 고래나 상어가 될 것인가? 아니면 동네 시냇물의 송사리가 될 것인가?" 동네 시냇물에선 보이는 세상이 그것뿐인지라 송사리로밖에 살 수 없다. 그러나 고래나 상어가 되려면 시냇물은 너무 좁다. 그 덩치에 맞는 너른 바다로 나가야 한다.

대학생이라면 해외 대학과 교환 학생의 기회를 가져보라. 다른 나라 학생을 만나 소통하고, 이국의 학교를 다녀보라. 직장인들은 사회의 교육기관에 나가서 다른 기업의 매니저들과 함께 학습하는 과정에 참여하는 것도 좋다. 본인이 관심 있는 지역을 집중적으로 연구하여 주재 근무나 출장과 휴가를 통하여 성장할 수 있는 환경을 경험한다면 많은 도움이 될 것이 분명하다.

경영자라고 해서 멈춰 있을 수는 없다. CEO 스터디 그룹이나 고전 공부 모임 그리고 해외 유명 기관의 단기 글로벌 CEO 과정을 밟는 건 어떤가. 부단히 나를 자극하고, 동기부여가 되는 환경을 스스로 만들어냄으로써 새로운 도약을 할 수 있다. 때론 외부의 변화가 내면의 의지를 자극하기도 한다. 우리는 모두 자신이 믿는 만큼, 또 스스로에게 기회를 주는 만큼 성장한다.

행복한 삶을
만드는
관계의 조건

최근 들어 서점가에는 '인간관계'를 원만히 하는 데 도움을 주는 자기계발서들이 넘쳐난다. 그도 그럴 것이 사회적 존재인 인간은 누군가와 관계를 맺고 살아갈 수밖에 없기 때문이다. 그러다 보니 관계에서 비롯된 갈등과 해결은 인류의 영원한 숙제이기도 하다.

좋은 관계란 양이 아니라 질로 결정된다

얼마 전 지인에게서 '우리가 사는 동안 무엇이 우리를 건강하고 행복하게 만들까?'라는 주제로 하버드대학에서 75년 동안 연구하고 있는, 최장수 프로젝트의 테드TED 동영상을 받았다. 몇 년 전 플라

톤 아카데미 초대로 '글로벌 시대, 어떻게 살 것인가?'라는 주제로 강연한 적이 있어 더욱 흥미롭게 동영상을 보았다. 나의 강연도 SBS CNBC에서 방영되었고, 유튜브에서도 13만 명의 시청을 기록했기에 '어떻게 살 것인가?'라는 주제로 동서양을 비교해보는 시간이라고 여겨서다.

테드 강연은 역대 최장 기간에 걸친 인생 연구인 하버드대학의 성인발달연구에 관한 것이었다. 1938년부터 75년간 남성 724명을 대상으로 생활, 건강, 직업, 가정 등 인생사를 추적 연구했다. 이 연구의 첫 번째 집단은 하버드대학 2학년생들이었고, 두 번째 집단은 보스턴의 가장 가난한 지역에서 태어난 소년들이었다.

소년들은 자라서 공장 인부, 변호사, 벽돌공, 의사가 됐으며, 그중 한 명은 미국 대통령이 됐다. 수만 페이지짜리의 인생 데이터를 통해 도출된 이 연구의 교훈은 '좋은 관계'가 우리를 건강하고 행복하게 만든다는 것이었다.

이 연구를 통해 밝혀진 결론은 크게 세 가지 교훈을 제시한다. 첫째, 사회적 연결은 유익한 반면 고독은 해롭다. 가족·친구·공동체와의 사회적 연결이 긴밀할수록 더 행복하고, 신체적으로도 더 건강하며, 더 오래 사는 것으로 나타났다.

둘째, 친구가 얼마나 많은지, 안정적이고 공인된 관계를 갖고 있는지 여부는 중요하지 않았다. 중요한 것은 관계의 양이 아니라 질이었다. 좋은 관계란 갈등이 없는 관계가 아니라 그것을 건전하게 풀어가는 관계다.

셋째, 좋은 관계는 우리의 몸뿐만 아니라 뇌도 보호해준다. 바람직한 애착관계를 가진 80대는 기억력이 선명하며 행복한 노년을 보내는 것으로 나타났다.

오랫동안 동양사회의 규범이 되어온 《논어》의 첫 장 〈학이편〉에는 인생을 기쁘고 즐겁게 사는 세 가지 방향이 나온다. 그중 둘째 줄은 '관계'에 관한 것이다. '유붕자원방래 불역락호(有朋自遠方來 不亦樂乎)', 즉, '친구가 먼 곳에서 찾아온다면 즐겁지 않겠는가'라는 뜻이다.

이를 보면 서양에서 오랜 기간 실행한 인생 연구의 분석적 결과나, 2000년 이상 삶의 지표가 되고 있는 동양 고전의 내용이나, 그저 보통 사람인 내가 인생살이에서 터득한 경험적 통찰이나 서로 일맥상통하는 게 있다. 바로 '좋은 관계'다.

국가 간의 관계가 품은 역학

관계에서 오는 갈등은 개인뿐 아니라 기업이나 국가도 예외가 아니다. 최근 각국의 관계가 매우 변화무쌍하게 돌아간다. 브렉시트(영국의 유럽연합 탈퇴), 터키 쿠데타, 남중국해 갈등, 북한 핵 문제, 사드 갈등…. 작년에 방문했던 크로아티아와 국경을 마주한 근처 국가들은 그리 오래지 않은 과거에 전쟁을 겪었고, 통합과 분할 과정도 겪었다.

소련과 미국이 이념 중심으로 나뉘어 있던 냉전시대를 배경으로 한 숀 코네리 주연의 〈007 위기일발〉은 이런 변화를 잘 보여준다. 이 작품은 〈007 소련에서의 탈출〉이라는 제목으로 1973년에 다시 막을 올렸다. 당시 소련은 베일에 싸인 채, 철의 장막이라고 불린 폐쇄적인 국가였다. 1970년대에는 우리나라에서 단수 여권을 발급받는 데만도 몇 달이 걸렸으니, 당시 소련을 방문한다는 건 상상조차 할 수 없는 일이었다.

그러나 몇 년 전 회의 참석차 들른 러시아에서 나는 격세지감을 느꼈다. 8월 19일에 붉은 광장과 크렘린 궁을 방문했는데, 꼭 20년 전 그날이 옛 소련이 붕괴하고 현재의 러시아가 태동한 날이었다. 2차 세계대전 중 소련인 희생자는 군인만 1,200만 명이고, 민간인까지 합치면 약 2,900만 명이 사망했다. 스탈린 치하에서는 2차 세계대전의 2배 내지 2.5배에 달하는 사망자가 나왔다고 추정하고 있다.

그러나 지금은 어떤가. 2차 세계대전의 희생자를 기리는 '무명용사의 묘' 앞을 다양한 국적의 관광객이 자유로이 거닐고 있다. 레닌의 묘를 관람하기 위해 사람들이 긴 행렬을 이룬다. 냉전시대의 희생자가 살아서 이 광경을 본다면 어떤 감회를 느낄까? 역사의 아이러니다.

비슷한 감정을 독일의 베를린 장벽에서도 느꼈다. 1961년부터 1989년까지 5,000여 명이 베를린 장벽을 넘어 탈출을 시도했고, 그 가운데 수백 명의 사람이 목숨을 잃었다. 베를린 장벽은 냉전의 상징 그 자체다. 지금은 붕괴된 장벽의 일부를 기념품으로 팔고 있다.

남은 장벽 위에는 전 세계의 예술가들이 자유, 통일, 평화와 사랑을 주제로 그림을 그려놓았다.

동베를린과 서베를린을 건널 때 반드시 거쳐야 했던 검문소인 체크포인트 찰리는 어떤가. 한쪽에는 미군, 반대쪽에는 옛 소련의 제복을 입은 경계병의 대형 사진이 걸려 있다. 체크포인트 찰리는 과거 동서 냉전시대를 상징적으로 보여주고 있지만 지금은 관광객의 구경거리로만 남았을 뿐이다.

베를린 장벽에서 희생당한 이들이 만약 살아 있다면, 그래서 베를린 장벽에서 사진을 찍고 있는 세계 도처에서 온 많은 관광객을 본다면 어떤 생각이 들까?

1960~1970년대에 철저한 반공교육을 받았던 세대들에게 러시아는 적개심의 대상이었다. 하지만 지금의 러시아에는 영어를 능수능란하게 구사하는 이들이 많다. 그뿐인가? 세계 각국 브랜드의 자동차가 공항부터 시내까지 도로를 메우고 있다. 냉전시대의 주적인 미국의 코카콜라를 홍보하는 대형 텐트가 대로를 점령한 모습도 낯설지 않다.

모스크바의 시내 중심부에 자리 잡은 삼성과 현대차의 대형 옥외광고판에서는 유럽의 여느 대도시와 다름없는 친근함마저 느낄 수있다. 이것뿐만 아니다. 모스크바의 고급 쇼핑몰에서 파는 제품의 가격을 보면 흠칫 놀란다. 세계에서 물가가 가장 비싼 도시라는 말이 실감 나기 때문이다.

역사가 토인비는 "역사는 되풀이된다"고 말했다. 과거 이념 대립을 하던 국가들의 달라진 관계, 동북아 정세의 변화들, 거기서 오늘날 남북한 문제를 해결할 단초를 얻을 수 있을지도 모른다. 남북 정상의 판문점 및 평양회담과 미북 정상의 싱가포르 회담을 보며 크렘린 궁과 베를린 장벽에서 느낀 역사의 아이러니를 통일된 한국을 방문할 미래의 방문객이 똑같이 느끼지 않을까 생각해본다.

우리의 미래는
언제나
과거에서 시작된다

잭 캔필드는 그의 책《성공의 원리The Success Principles》에서 "당신이 위치해 있는 현재까지의 모든 결과는 100퍼센트 당신의 책임입니다"라고 강조한다. 풀어 설명하면 개인이 되었든 기업이 되었든 현재의 모습은 과거에 본인이나 그 회사가 해왔던 모든 실행의 결과일 뿐이라는 뜻이다. 따라서 우리의 미래는 언제나 과거에서 시작된다.

실패에서 무언가를 배운다면 그것은 실패가 아니다

우리 세대가 태어나 지금까지 살아오면서 겪은 역사의 파고는 놀랍다. 내 경우 6·25 한국전쟁 때 태어나 우리나라가 세계에서 가장 못사는 나라일 때 어린 시절과 초등학교 시절을 보냈다. 외국에서 원조로 온 우유를 마시고 분유를 쪄서 과자를 만들어 먹던 시대였다. 그리고 초등학생이었던 꼬마 시절, 4·19 혁명의 주역인 학생들이 데모하던 모습과 5·16 군사정변이 일어났을 때 군인들과 탱크의 모습도 기억한다. 박정희 대통령이 오랜 기간 정치를 하다가 암살을 당했고, 그 후 군사 정부가 들어섰다가 민주화 과정을 거쳐서 민간 정부가 이어졌다.

이런 변화를 살펴보면 한국은 여러 번 기적을 이룬 나라다. 한국의 근대사는 어찌 보면 혼란의 연속처럼 보인다. 그러나 우리는 거기서 망설이지 않고 미래를 위한 재건에 힘을 냈으며, 온 국민이 합심해 아주 짧은 시간에 놀라운 변화를 이뤄냈다.

2016년 덴마크의 라르스 뢰케 라스무센 총리가 한국을 방문했을 때 공식 만찬에 초대를 받았는데, 당시 테이블에서 총리와 여러 가지 대화를 나누었다. 그는 1차 총리를 마치고 재선에 실패한 후에 다시 복귀에 성공하여 두 번째로 총리직을 수행하고 있었다. 강창희 전 국회의장은 국회의원 선거에서 세 번이나 낙선하고도 국회의장직까지 수행했다. 웅진그룹의 윤석금 회장은 샐러리맨으로 출발하여 재계 30위에 오를 정도로 사업을 성장시킨 신화의 주인공이었다. 한동안 사업적 어려움을 겪다가 최근에 코웨이를 다시 인수하는 등 전례 없이 멋지게 일어선, 역전의 사업가다.

이들은 모두 성공한 리더들이지만, 탄탄대로를 걷지는 않았다. 그들의 성공이 위대한 것은 실패를 통해 더 큰 교훈을 얻었다는 데 있다. 영화감독 우디 앨런은 "한 번도 실패하지 않았다는 건 새로운 일을 전혀 시도하지 않았다는 신호다"라고 말했다. 실패했다는 건 용기를 내 도전하고, 시도했다는 것의 다른 말이기도 하다.

성공한 사람들은 실패로 마침표를 찍은 것이 아니라, 실패를 도약의 발판으로 삼았다. 과거를 그냥 흘려보내지 않고, 거기서 오늘을 바꿀 교훈을 얻었으며 미래를 설계할 단초로 삼은 것이다.

실패를 극복한 좋은 사례로 에이브러햄 링컨을 들 수 있다. 그는 지독하게 가난한 집에서 태어나 실패로 점철된 삶을 살았다. 어릴 때는 어머니와 누나의 죽음을 목격했고, 자라서는 약혼녀와 두 아들의 죽음을 겪었다. 젊은 시절 사업 실패로 거액의 빚을 졌고, 선거에서는 번번이 낙선했다.

그러나 과거의 실패는 그를 큰 인물로 성장시켰고 역사에 중요한 업적을 남기게 했다. "성공에는 별다른 비밀이 없다. 성공은 철저한 준비와 노력, 실패에서 배우는 교훈의 결과다." 링컨의 말이다.

과거에 대한 분석은 철저한 미래 준비와 통한다

우리 세대는 경제적으로 압축 성장을 하고 정치적으로 민주화를 달성하는 기간 동안에 엄청난 변화를 직접 겪었다.

사회 경제적 측면으로는 초등학교 시절에 국내 최초로 흑백TV가 방송되었고, 칙칙폭폭 달리던 석탄 기차가 디젤 기관차로 바뀌었으며, 이제는 초고속 열차가 달린다. 경부 고속도로가 처음 개통된 것이 신기했는데 이제는 전 국토가 고속도로 망으로 연결되어 있다. 한강에 다리가 하나뿐이던 시절에 비하면, 이제는 너무 많아서 몇 개인지 셀 수도 없을 정도다. 잘사는 이웃집에 가야 볼 수 있었던 전화와 공중전화 박스의 낭만은 사라지고 지금은 모든 사람들이 휴대폰을 들고 다닌다.

꿈에서나 상상할 개인 자동차의 소유, 지금은 자동차가 넘쳐나고 우리나라는 세계적인 자동차 제조 왕국 중 하나다. PC와 평면 TV는 필수품이 된 지 오래다. 인구 억제를 위해 구호를 외치던 시절은 간 데 없고, 이제는 최저 출산율을 걱정하고 있다. 기업의 경우 영세하고 노동집약적인 산업에서 벗어나 최첨단 산업으로 이동했고, 세계에서 1등하는 기업도 여럿 탄생했다.

세계에서 가장 못살던 나라에서 이렇게 눈부신 발전을 하는 데까지 불과 50~60년밖에 걸리지 않았다. 짧은 기간 안에 인류의 역사에 유래가 없는 정치, 경제적 기적이 가능했던 것은 무엇 때문일까? 우리의 조상들이 남겨준 유네스코 문화유산과 같은 훌륭한 문화 토양이 있었기 때문이다. 부지런하고 깨끗한 민족, 배움을 우선순위에 두고 노력하여 앞서가는 민족, 자긍심과 염치를 바탕으로 하는 우수한 민족이라는 과거가 있었기에 오늘이 있게 된 것이다.

"어떻게 살 것인가?" 그리고 "어떻게 경영할 것인가?"라는 명제 앞에서 우리의 역사를 다시 한 번 돌아보자. 역사 속에서 힘의 원천을 찾아내어 허리띠와 머리끈을 질끈 동여매고 미래를 향해서 전진하자. 주변을 탓하고 불평해도 달라지는 것은 없다. 지금의 자랑스러운 모습도, 부족하고 못난 모습도 모두 우리 스스로 만들어온 결과다.

과거를 부정하거나 자신을 발전시키기 위해 학습하지 않는 개인, 기업, 국가의 미래는 밝지 않다. 과거의 공과 과를 타산지석으로 삼아 미래로 전진해야 한다. 리더들은 반복되는 과거의 역사에서 지혜를 습득해야 한다. 우리의 미래는 언제나 과거에서 시작되기 때문이다.

사람

chapter 3

시작도
끝도 결국
사람이다

기업, 국가 등 모든 조직의 핵심은 사람이다.
조직을 구성하는 개개인들이
자기 삶에 만족하고 행복해져야
조직의 생산성 향상으로 이어지며,
탁월한 팀워크를 발휘할 수 있다.
사람의 가치와 잠재력을 알고 이를 신뢰하는
기업과 국가의 미래는 밝다.

어째서
사람에게
답이 있는가

기업의 지속성장을 위해 가장 중요한 성공요인Key Success Factor은 무엇일까? 아마도 이것은 모든 경영자들과 리더들의 최대 관심사일 것이다.

나는 오랫동안 대표이사로 기업경영에 참여해오면서 경제적인 호황과 위기의 시대를 두루 경험했다. 그리고 기업의 지속성장을 위해 가장 중요한 핵심 요인은 첫째도 '사람' 둘째도 '사람' 셋째도 '사람'이라는 결론을 얻었다. 기업과 국가를 비롯해 모든 조직은 그 운영의 주체도 추구해야 할 지향점도 사람이다.

한 명의 사람이 수만 명의 일자리를 창출한다

한 명의 사람이 지닌 영향력이 실로 어마어마한 힘을 발휘하는 경우가 있다. 한 사람의 인재가 몇 만, 몇십 만 명의 일자리를 창출하는가 하면, 한 사람의 잘못으로 기업이 도산하기도 한다. 심지어 한 사람의 잘못으로 국가가 패망할 수도 있음을 우리는 역사를 통해 학습했다. 사람에겐 우리 스스로가 생각하는 것보다 훨씬 더 큰 힘이 있다. 그 힘을 선한 방향으로 행사하느냐 잘못된 방향으로 행사하느냐에 따라 조직, 기업, 국가의 명운이 달라진다.

경제 주간지 〈포브스〉가 발표한 2018년 세계 부자 순위 TOP 10을 살펴보면, 사람의 영향력과 관련해 많은 인사이트를 얻을 수 있다.

세계 부자 1위는 아마존Amazon의 CEO 제프 베조스다. 아마존은 24년 전인 1994년 7월 5일, 미국의 워싱턴 주 시애틀에서 작은 인터넷 서점으로 시작한 회사다. 제프 베조스는 현재 '아마존 고Amazon Go'라는 신개념의 상점과 '아마존 오프라인 서점'을 열었다. 우주 개발에도 도전하면서 인류의 삶을 윤택하게 하는 길을 고심 중이다. 아마존의 성공은 '세상에서 가장 고객 중심적인 회사To be Earth's most customer-centric company'라는 그들의 비전을 지속적으로 실행함으로써 얻은 결실이다.

2위는 마이크로소프트Microsoft의 창업자 빌 게이츠다. 20세에 창업을 한 빌 게이츠는 세계 최대의 사설 자선 재단인 '빌&멜린다 게이츠 재단Bill & Melinda Gates Foundation'의 의장을 맡고 있다. 시애틀에 위치한 마이크로소프트의 글로벌 본부 방문자 센터에 가면 창업 당시의 빌 게이츠가 공동 창립자 폴 앨런과 찍은 사진과 명함이 전시돼 있다. 또한 창업 당시 함께 일한 직원 11명의 사진과 사인이 있는 포토월이 세워져 있어서 방문자들이 그들과 기념사진을 찍게 해놓았는데, 묘한 감동을 준다. 그뿐 아니라 그는 수많은 기부를 통해 인류를 위해 기여하고 있다.

3위는 '오마하의 현인'이라고 불리지만 투자할 때는 냉철한 승부사인, 버크셔 해서웨이Berkshire Hathaway의 회장 워런 버핏이다. 가치투자가로 유명한 그는 세계에서 가장 성공한 투자가 중 한 명이며, 88세의 나이에도 활발한 경영 활동 및 자선 활동을 하고 있다.

4위는 루이비통 모에 헤네시LVMH 그룹의 회장 베르나르 아르노이다. 5위는 불과 14년 전인 2004년 2월, 미국 매사추세츠 주 케임브리지에서 창립된 페이스북Facebook의 창업자 마크 저커버그다. 올해 34세인 그는, 빌 게이츠처럼 하버드대학을 중퇴하고 세계적인 기업을 일으킨 인물이기도 하다.

여기서 부자 순위에 든 인물들을 거론한 것은 그들이 얼마나 부자인지를 보여주고자 함이 아니다. 그저 평범하고 특출할 것 없는 한 명의 사람이 뜻을 품으면 얼마나 크게 성장할 수 있는지, 얼마나 큰 영향력을 발휘하는지를 보여주고자 함이다.

그들 대부분은 자신의 조그마한 차고나 연구실에서 시작해, 지금은 전 세계를 움직이는 경제 거물들이 되었다. 수많은 일자리를 창출하고, 인류의 삶을 발전시키고, 국가 경제가 원활히 돌아가도록 한다. 자신의 지위와 부를 누리기만 하는 게 아니라, 많은 자선 활동을 통해서 글로벌 사회와 인류를 위해 이바지하고 있다. 그야말로 선한 영향력을 발휘하는 것이다.

사람의 가치와 힘을 믿다

시선을 아시아로 돌려 아시아의 최대 자산가로 관심을 받고 있는 알리바바Alibaba의 마윈 이야기를 살펴보자. 알리바바 그룹은 세계 최대 규모의 온라인 쇼핑몰 알리바바닷컴을 운영하는, 뉴욕 증권거래소 상장 기업이다.

지금은 세계적인 경제인이지만 마윈의 삶은 굴곡이 심했다. 젊은 시절 가뜩이나 가난했던 그는 1966년 시작된 문화대혁명으로 생계를 위협받는 처지에 놓였다. 대입 시험에 두 번 실패한 뒤 항저우 사범대학에 들어가 영어교육을 전공했고, 그 뒤 항저우 전자과학기술대학에서 영어를 가르치는 강사로 일했다. 하지만 당시 수입은 한 달에 12달러 수준에 그쳤다.

알리바바를 창업하고도 그의 역경은 끊이지 않았다. 초기에는 전혀 이익을 내지 못했고 부도 직전까지 가기도 했다. 그처럼 숱한 실패에도 불구하고 그는 넘어지지 않았다. 그랬다면 오늘날의 마윈은 없었을 것이다.

마윈은 위기가 올 때마다 오뚝이처럼 일어서며 놀라운 '회복탄력성'을 보여주었다. 그가 보여준 회복탄력성은 오늘날 알리바바 그룹을 세계적 기업으로 키운 근간이며, 그가 지닌 힘이다. 2000년에는 소프트뱅크 창업자 손정의로부터 2,000만 달러의 투자를 받으며 위기를 넘길 수 있었는데, 손정의 회장이 그런 투자를 감행한 것은 마윈이라는 사람의 저력을 믿었기 때문이다.

그는 뛰어난 기술을 보유하지도 않았고 체계적인 경영수업을 받은 적도 없다. 하지만 비전을 제시하고 이를 통해 구성원들을 결집하는 능력만큼은 최고다. 사람의 가치와 힘을 믿는 마윈의 경영철학에 구성원들이 동의하고, 공감하기 때문이다. 마윈의 리더십에서 가장 중요한 하나는 '상생의 경영철학'이다. 그는 알리바바의 성공 여부는 고객의 성공 여부에 달렸다는 말을 강조해왔다. 심지어 함께 성공하는 것이 가장 좋지만 둘 중 하나를 선택해야 한다면, 자신의 이익을 포기해서라도 다른 사람이 먼저 성공하게 해야 한다고 말했다.

"어떤 사업을 하든 세 가지 승리에 대해 생각해야 한다. 첫째는 고객이 승리하는 것이다. 무엇을 하든 고객이 먼저다. 다음으로는 협력사가 승리해야 한다. 세 번째가 당신의 승리다." 마윈은 직원들에게도 늘 협력사에게 기회가 주어지는지 살펴보라고 강조했다.

사람의 가치와 힘을 믿는 경영자가 보여줄 수 있는 가장 멋진 승리다.

행복은
저절로 오지 않고
발견되는 것이다

많은 이들이 충분히 소중한 것들을 갖고 있으면서도 가진 것이 없어 행복하지 않다고 말한다. 갖고 있되 그것의 소중함을 미처 깨닫지 못하는 것이다. 반면 누군가는 눈에 보이지 않는 꿈, 희망, 미래의 가능성을 확신하며 자기의 삶에서 행복을 만들어낸다. 행복이 외부에서 오는 게 아니라 자기 내면에서 시작됨을 아는 것이다.

행복의 열쇠를 밖에서 찾지 말라

잭 캔필드는 그의 책 《성공의 원리》에서 아주 의미심장한 이야기를 소개한다.

한 사람이 어두운 밤에 길을 걷다가 우연히 가로등 아래에서 무엇인가를 열심히 찾는 다른 사람과 만난다. 찾고 있는 것이 무엇이냐고 행인이 묻자, 그는 잃어버린 열쇠를 찾고 있다고 대답한다. 그 남자는 도와줄 것을 제의했고, 행인은 잃어버린 열쇠를 찾는 것을 도와주었다.

아무런 소득 없이 한 시간가량 흐른 후 행인이 열쇠를 찾는 남자에게 물었다. "우리가 모든 곳을 뒤져봤지만 열쇠를 찾지 못했는데 혹시 여기서 잃어버린 것이 확실한가요?" 그 사람이 답했다. "아닙니다. 내가 집에서 열쇠를 잃어버렸는데 가로등 아래가 좀 더 환해 밖으로 나온 것입니다."

이야기 속의 남자가 참으로 어리석게 보이지만 실제로 우리 삶에서 이런 태도를 취하는 일은 생각보다 많다. 잭 캔필드는 이와 관련해 다음과 같은 이야기를 전한다.

"당신이 원하는 삶과 결과를 만들지 못한 이유가 무엇인지, 그 해답을 바깥에서 찾는다면 그만두어야 한다. 왜냐하면 당신이 이끌어온 삶과 당신이 창출해낸 결과, 즉 당신이 이룩한 것의 수준, 당신과 다른 사람과의 관계, 당신의 건강과 육체적인 상태, 당신의 수입과 빚, 당신의 감정 등 모든 것들은 바로 당신 자신이 만든 것이기 때문이다. 삶에 있어 중요한 것들을 얻고자 한다면 스스로가 자기의 인생에 100퍼센트 책임이 있다고 생각해야 한다. 다른 사람이 아닌 바로 당신 말이다."

행복한 나라에서 사는 사람들

유엔 산하 자문기구인 지속가능발전해법네트워크SDSN가 전 세계 156개국을 상대로 국민 행복도를 조사해 〈2018 세계행복보고서〉를 발표했다. 여기에 따르면 한국은 행복도 순위 57위다. 1위는 핀란드가 차지했다. 노르웨이, 덴마크, 아이슬란드, 스위스, 네덜란드, 캐나다, 뉴질랜드, 스웨덴, 오스트레일리아가 핀란드의 뒤를 이어 10위 안에 이름을 올렸다. 독일은 15위, 미국은 18위, 영국은 19위에 머물렀다.

지속가능발전해법네트워크는 국내총생산GDP, 기대수명, 사회적 지원, 선택의 자유, 부패에 대한 인식, 사회의 너그러움 등을 기준으로 국가별 행복지수를 산출했다. 매년 발표되는 〈세계행복보고서〉의 상위권을 항상 차지하고 있는 핀란드나 덴마크 사람들은 무엇이 다른 걸까?

국민의 행복을 좌우하는 교육 제도, 의료 서비스가 잘 갖춰져 있고 경제적 번영도 중요한 요소로 작용했음을 부정할 수 없다. 그러나 그들의 행복도가 높은 이유가 오로지 사회 시스템이나 경제적 부유함 때문만은 아닐 것이다.

2016년 KBS 다큐멘터리 〈행복해지는 법〉에서는 덴마크와 한국 사람들에게 각각 "당신의 삶에 만족하나요?"라는 질문을 던졌다. 놀랍게도 한국인은 53퍼센트가, 덴마크인은 93퍼센트가 "그렇다"고 답했다. 이 차이는 어디서 오는 것일까?

그들은 부의 크고 작음, 권력의 세기, 지위의 높고 낮음, 명예의 유무에 행복의 가치를 두지 않는다. 그보다는 서로에 대한 믿음, 더불어 사는 삶, 가정과 일의 균형, 존중과 배려에 삶의 가치를 둔다. 행복이 외부에서 오는 게 아니라 자기 내면에서 만들어진다는 것을 알기 때문이다.

어느 날 우연처럼 행복이 찾아오길 바라지 말고, 스스로 행복을 발견해내는 마음가짐과 태도를 갖도록 해보자. 행복은 이미 우리 가까이에 있는지도 모른다. 그것을 발견해낼 혜안과 그것이 행복임을 느끼는 충만한 내면이 있다면 말이다.

속도와 압축 성장이 만들어낸 빛과 그림자

한국은 급속한 산업화를 이루며 압축 성장을 해왔다. 눈부신 빛과 그 이면에 드리워진 그림자가 동시에 공존하는 사회다. '한강의 기적'이라 불리는 화려한 성장 뒤에 OECD 국가 중 자살률 1위, 저출산율 1위라는 우려 또한 함께 갖고 있다.

속도가 중요시되는 경쟁사회에서 우리 모두는 각자도생하기 바쁘다. 너나할 것 없이 경쟁에 내몰리다 보니, 낙오자가 되지 않으려면 남을 돌아볼 여유가 없다. 앞만 보고 달리다 보면 문득 자신이 무엇을 위해 어디로 가고 있는지를 잊어버린다. 그러다 불현듯 공허와 불행함이 찾아오는 것이다.

우리는 대체로 남들이 어떻게 볼지를 무척 신경 쓴다. 남과 비교해 어느 정도 수준에 놓여 있는지를, '나'라는 사람과 내 삶의 '행복'을 가늠하는 지표로 삼는다. 속으로는 어떻든 겉보기에 남들만큼은 해야 한다고 믿는 것이다. 그러다 보니 행복의 모든 요소가 내 안이 아닌 밖에 있다. 문제가 생겨도 그건 모두 나 자신이 아니라 나를 둘러싼 외부의 탓이다.

자신의 부모를, 회사나 상사를, 친구들을, 동료를, 배우자를, 날씨를, 경제를, 정부를, 조상을 탓한다. 그러나 냉정하게 돌아보자. 행복하지 못한 진짜 이유는 우리가 결코 바라보기를 원하지 않는 곳, 바로 나 자신에게 있다. 나 자신을 사랑하고 나 자신이 책임을 지는 것이 성공과 행복의 출발점이다.

방탄소년단BTS은 '유엔 제너레이션 언리미티드 파트너십Generation Unlimited Partnership' 행사에서 7분간 영어로 연설해 세계인들의 박수를 받았다. 그 연설의 한 대목으로 '행복이란 무엇인가'에 대한 이야기의 결론을 대신하고 싶다.

"어제 저는 실수를 했을지도 모릅니다. 하지만 어제의 저도 여전히 저 자신입니다. 오늘의 저는 과거의 실수들이 모여서 만들어졌습니다. 내일, 저는 지금보다 조금 더 현명할지도 모릅니다. 이 또한 저입니다. 그 실수들은 제가 누구인지를 얘기해주며, 제 인생이라는 우주를 가장 밝게 빛내주는 별자리입니다. 저는 오늘의 나, 어제의 나, 그리고 내일의 나까지 모두 사랑합니다."

행복하고
당당한 사람을
만드는 교육

우리나라는 OECD 주요 국가의 두 배에 달하는 사교육비를 쓰고 있으며, 부모들의 교육열도 그 어느 나라보다 뜨겁다. 그러나 교육열이 강하다고 해서 좋은 교육, 행복한 교육이 이뤄진다고 말할 수는 없다.

매일 과외공부에 시달리고 성적지상주의에 얽매여 현재라는 삶을 투자하고 있는 어린 학생들. 지금의 이 노력과 투자가 그들의 미래와 사회생활에 얼마나 도움이 될까? 아쉽게도 긍정적인 답을 하기 어렵다.

대학생들의 경우도 마찬가지다. 학문을 탐구하는 기쁨을 느끼거나 자신이 관심 있어 하는 분야의 전문성을 높이는 교육과는 거리가 멀다. 친구들과 캠퍼스의 낭만을 누리거나, 젊은 시절의 치열한 열정과 조우할 여유도 없다. 품격보다는 스펙을 쌓아 상품성을 높이고, 취업하기 좋은 조건을 갖추는 데만 집중할 수밖에 없는 현실 때문이다. 이런 교육 환경에서 큰 뜻을 품은 미래의 리더를 배출하는 건 쉽지 않아 보인다.

행복한 사람과 국가를 만드는 교육

스스로 생각하지 않는 공부, 자신이 주도적으로 이끌지 않는 학습이 과연 미래에 도움이 될지 의문이다. 각종 지식을 주입한다고 해도, 자기 것으로 체화되지 않으면 그것은 제대로 된 학습이 아니다.

우리나라의 교육은 더 좋은 대학에 들어가고 대기업에 취업하는 데 유리한 조건을 갖추는 것에만 초점이 맞춰져 있다. 지성인으로서의 기본 소양을 갖추는 데 집중해야 할 대학은 취업 준비 기관처럼 변해버렸다. 그래서인지 '좋은 대학'이라는 학벌이 능력 있고 탁월한 인재를 선별하는 데는 그다지 효용이 크지 않다.

학벌중심주의 문화는 부모에게도 고행이다. 정보에서 조금만 소외돼도 격차가 벌어지고, 엄청난 사교육비를 충당하느라 경제적인 부담도 상당하다.

학교는 아이들이 모여 함께 생활하는 작은 사회다. 당연히 건강하고, 행복하고, 즐거운 곳이 되어야 하며, 자유와 절제를 바탕으로 가능성과 전문성을 찾고 개발하는 역할을 수행해야 한다. 스승이나 어른에 대한 공경심, 타인에 대한 배려와 존중, 나아가서 자기가 소속된 조직이나 사회와 국가에 대한 기본 책무의 수행, 공동체의식, 글로벌 시민으로서의 자세 등도 배워야 한다.

하지만 학교가 성적으로 서열을 매기는 곳이 되면서 교육기관으로서의 역할을 제대로 하지 못하고 있다. 가정도 마찬가지다. "세 살 적 버릇이 여든까지 간다"는 말을 생각해보자. 어린 시절의 소양 교육이 미래의 인격을 형성하는 토대가 된다는 걸 인식하면, 교육이 바로 서야 한다는 걸 부정할 수 없을 것이다.

사실 배움이란 다른 누구의 강요로 이루어지는 게 아니다. 배움은 새로운 것을 알아가고, 그 과정에서 나를 깨우치는 즐거움과 행복으로 연결되어야 한다. 나는 배움의 참된 즐거움을 맛보았기에 지금도 무언가를 배우고 익히며 성장해가는 것이 행복하다.

그중에서도 나에게 가장 행복했던 공부는 약 20년 전 스탠퍼드대학에서 단기 CEO 과정을 밟을 때다. 처음 스탠퍼드대학에 도착해서 기숙사에 들어갔더니 책상 위에 열 권 정도의 책과 함께 그 책을 읽어보라는 메모가 놓여 있었다. 그뿐 아니라, 교정을 자유로이 오갈 수 있도록 학생들에게 자전거도 한 대씩 빌려주었다.

그때부터 반바지 차림으로 자전거를 타고 스탠퍼드의 교정을 오가며 2주 동안 공부했다. 커리큘럼도 좋고 날씨도 좋았다. 점심시간이면 교내 서점에 들러 책도 골라보고, 잔디밭에 누워서 케이스를 공부하기도 하고, 이런저런 잡념에 사로잡혀 보기도 했다.

지적 호기심을 채우는 데서 오는 재미, 알면 알수록 더 알고 싶은 마음에 빠져들어 하루하루 흘러가는 것이 아까울 정도였다. 새삼 앎의 희열, 공부의 재미를 다시 느끼며 그야말로 행복으로 가득 찬 시간을 보냈다.

오늘의 교육이 우리의 미래를 바꾼다

해외 출장 중 비행기에서 우연히 미국 일간 신문의 1면을 봤다. 글로벌 기업의 내로라할 만한 CEO들 사진이 여러 장 실려 있어서 내용이 궁금했다. 자세히 읽어보니, 기업이 채용한 직원 가운데 많은 사람이 가정과 학교에서 교육을 제대로 받지 않았고, 기업에서 부족한 역량을 채워주는 훈련을 하느라 자원이 너무 많이 낭비된다는 이야기였다. 30여 년간 기업을 경영하면서 몸소 느껴왔던 문제라, 기사에 실린 CEO들의 이야기에 무척 공감했다.

KBS 청소년 기획 다큐멘터리 〈위기의 아이들〉을 보면서도 이와 같은 문제의식을 느꼈던 바 있다. '청소년 교육 성취도 OECD 1위, 하지만 청소년 행복지수는 5년 연속 꼴찌'라는 부끄러운 현상은 입시 위주의 경쟁만을 강조하는 교육 환경이 낳은 인재(人災)다. 입시나 취업 위주의 교육에만 치중하다 보니 인간이 기본적으로 갖춰야 할 소양이나 호연지기를 기를 수 있는 인성 교육은 턱없이 부족하다. 우리 사회의 각 분야를 이끌 리더를 키워낸다는 측면에서 보면 성적 중심의 초중등 교육은 우려스러운 게 사실이다.

사회 각 분야의 리더들이 불미스러운 일에 휩싸이고, 도덕성과 자질을 의심받는 일들이 많은 것은 상당 부분 이런 교육 풍토에 원인이 있다. 기업을 경영하면서 임직원과 파트너 기업, 공공 분야에 종사하는 많은 사람을 접하다 보면 이런 문제를 피부로 느끼게 된다. 기본적인 인성조차 갖추지 못한 사람들을 만나 당혹스러울 때가 종종 있기 때문이다.

육군사관학교 생도 시절, 일과 시간에는 교수부에서 4년 동안 단 한 번의 휴강도 없는 철저한 학업 교육을 받았다. 더불어 일과 후에는 생도대로 돌아와서 훈육관의 지도 아래 국가의 리더가 되기 위해 갖춰야 하는 소양을 훈육받았다. 그때 밤잠을 설쳐가며 고민해 터득한 인생관, 군인관, 국가관은 지금도 내 인생의 기저를 이룬다. 또한 깊이 뿌리 내린 그 정신이 기업의 경영이념과 가치관을 바로 세워 경영에 임하도록 한다.

균형 잡힌 교육과 훈육의 실행이 어느 때보다 절실하다. 그런 과정을 통해서 자타가 인정하는 선진 문화를 뿌리내려야 한다. 수학이나 과학 실력에서 다른 나라 사람을 앞서는 건 자랑스러운 일이지만, 창의력이나 통찰력이 부족하다는 평을 받는 것은 못내 아쉽다.

세계인과 어우러져 살아가는 데 필요한 글로벌 시대의 경쟁력을 어디서, 어떻게 확보할 것인가? 무엇보다 글로벌 시민으로서의 에티켓, 글로벌 인재가 되기 위한 커뮤니케이션 능력, 다문화에 대한 이해의 폭을 넓혀야 한다.

이런 것들을 고민하다 보면, 지금 우리의 교육이 나아가야 할 방향이 보인다. 배우고 학습한다는 것은 모르는 세계를 알아가는 즐겁고 행복한 여행이다. 교육이 행복한 사람을 만드는 데 앞장서는 방법을 고민해야 할 때다.

인성경영의
출발은
자기 인식이다

'인성경영 워크숍'을 진행하며 이런 질문을 던지곤 한다.

"리더 분들, 종종 많이 외로우시죠?"

그러면 대부분의 사람들이 그렇다고 대답한다. 모든 고민을 구성원들과 함께 나눌 수는 없기에, 오로지 혼자 감내하고 혼자 간직해야 하는 힘겨움이 리더에게는 있다. 의사결정권자의 자리에서 느끼는 막중한 책임감 역시 리더를 외롭게 한다. 더구나 리더와 구성원들 간에 이해의 폭이 좁고, 소통과 교감이 잘 안 되면 각자가 느끼는 외로움은 더욱 커진다.

리더 본인과 조직의 구성원들에 대해 이해도가 높으면 리더십이 힘을 발휘하기 쉽다. 이때 타고난 인성을 파악하는 것이 많은 도움이 된다. 나를 알고 상대를 알면, 서로의 다름을 알기에 배려하고 맞취가며 갈등을 줄일 수 있다. 잘 맞는 부분에서는 화합할 것을 찾고, 서로 다른 부분에서는 다름을 인정한 뒤 간격을 좁힐 방법을 찾으면 된다.

반면 서로를 잘 알지 못하면 이해도가 떨어지고, 상호간의 호불호를 모르는 가운데 의사소통이 원활하지 못하게 된다. 당연히 갈등의 폭이 커지고, 훌륭한 팀워크를 이루거나 행복하고 생산성 있는 조직을 구성하기 힘들다.

나를 알고 남을 알면 화합하기 좋다

단순한 예를 하나 들어보자. 내가 좋아하거나 하고 싶은 분야의 일을 맡게 된다면 어떨까? 아마 신바람 나게 일을 할 것이다. 반대로 싫어하는 일이거나 잘 못하는 분야의 일을 지시받았을 때는 어떨까? 의무감에 어쩔 수 없이 일은 하지만 아마도 엄청난 스트레스를 받을 것이다. 기꺼운 마음으로 즐겁게 일할 때에 비해 일의 퀄리티나 성과도 좋지 않을 가능성이 크다.

인성경영은 이런 점에서 매우 중요한 의미를 갖는다. 인성경영은 먼저 자기의 발견, 즉 자기 인식Self Awareness에서 출발한다. 남을 이해하거나 좋은 관계를 형성하기 전에 할 일은 내가 어떤 사람인지를 아는 것이다. 그렇다면 자기 인식은 어떤 과정을 통해 이루어질까? 자기 인식을 위한 프레임워크의 좋은 사례가 있어 소개해본다.

세계적으로 유명한 한 컨설팅 회사는 새로운 파트너로 승진하는 구성원이 있을 경우 항상 기존의 파트너들과 새로 승진하는 파트너들이 함께 자기 인식에 관해 토론한다고 한다. 이 토론은 자기 인식을 티셔츠의 앞면과 티셔츠의 뒷면에 비유하여 진행한다.

티셔츠 앞면의 요소들은 각 개인이 갖고 있는 훌륭한 부분이나 강점들로, 다음과 같은 것들이다.

- 그들을 잘 이해한다Things we know well
- 그들을 자랑스러워한다Things we are proud of
- 쉽게 수용한다Things that are easy to accept
- 경쟁력 있는Competitive
- 실행하는Driven
- 설득력 있는Persuasive
- 스마트한Smart
- 타고난 리더Natural Leader
- 목표지향적인Goal Oriented

티셔츠의 뒷면은 개인이 갖고 있는 단점이나 약점 등이다.

- 자기 인식 부족 Lack of Self Awareness
- 합리화 Rationalize
- 환경 탓Externalize

- 축소화Minimize
- 오만한Arrogant
- 듣고 싶은 것만 듣는Selectively listens
- 참을성이 매우 부족한Extremely Impatient
- 세부 사항에 부주의한Lower attention to detail
- 지배적 성향Domineering
- 내 아이디어에 대한 객관성 결여My own ideas threatens my objectivity
- 사람과 아이디어를 무시Dismissive of people and ideas
- 방어적인Defensive
- 피드백에 민감한Sensitive about feedback

많은 리더들이 구성원들과 회의를 할 경우에 구성원들은 통상 그 리더의 티셔츠 앞면을 보게 된다. 그러나 회의를 마치고 리더가 회의실 문으로 퇴장할 때 모든 구성원들은 그 리더의 티셔츠 뒷면을 볼 수 있다.

우리 모두 자기 티셔츠의 앞면은 쉽게 볼 수 있지만, 고개를 돌려서 티셔츠의 뒷면을 보기는 어렵다. 즉 대부분의 사람들은 자기의 장점이나 강점은 인정하고 많이 보이려고 하지만 단점이나 약점은 노출하기를 꺼려한다. 반면 본인이 잘 볼 수 없는 티셔츠의 뒷면을 다른 모든 사람은 쉽게 볼 수 있는 것처럼 약점과 단점이 남에게는 쉽사리 노출된다.

자신을 아는 것이 인성경영의 출발

티셔츠의 뒷면을 확인했다면, 이제 다음 단계는 무엇일까?

'자기 인식을 한다는 것은 약점이 없다는 뜻이 아니라 약점에서 배우고 이를 관리하는 것'임을 받아들이는 게 다음 단계다. 이 세상에 강점이나 장점만 지닌 사람은 없다. 모두에게 강점과 약점은 반드시 공존한다. 중요한 건 강점은 더욱 발전시키고, 약점은 최대한 보완하는 것이다.

강점과 약점이 균형과 조화를 맞추어나갈 수 있다면 개인이든 조직이든 더 긍정적으로 변화할 수 있다. 더 높은 목표 달성이 가능해지며 생산성과 만족도도 증가한다.

이를 보여주는 실제 사례가 있다. 하루는 공장에서 근무하던 엔지니어가 면담 신청을 해왔다. 평소에 생산 공정 부문에서 우수한 성과를 내고 있던 중간 간부급 직원이었다. 면담 내용인즉슨 영업 분야에서 일을 하고 싶다는 것이었다.

합리적인 의사결정을 위해 그 직원의 인성 평가를 다시 실시해보았다. 인성 평가 결과 그 직원은 영업직이 적합하지 않은 것으로 나왔다. 과거에 실시했던 인성 평가에서도 결과는 거의 비슷했다.

영업직이 적합하지 않으니 그냥 생산 부문에서 일하는 것이 어떠냐고 권고했다. 그러나 그는 본인이 영업직에서 훌륭한 성과를 낼 수 있다고 자신하며 강력히 전직을 원했다. 본인의 희망이 워낙 강한지라 기회를 줄 필요가 있다고 판단했고, 영업직으로 배치했다.

그 후 약 4~5개월이 지나자, 영업 담당 임원에게서 그 직원의 건강 상태가 좋지 않다는 보고가 들어왔다. 약 7~8개월이 지난 후에는 급기야 회사를 다닐 수 없을 정도로 육체적·정신적으로 건강 상태가 악화되었다는 보고가 들어왔다. 결국 그 직원에게 다시 생산 부문으로 돌아가 근무할 것을 권유했다.

그 결과는 어땠을까? 놀랍게도 생산 공장으로 돌아가 일을 하자 그는 다시 육체와 정신의 건강을 회복하기 시작했다. 대부분의 사람들이 자신의 성향이 어떤지, 강점과 약점이 무엇인지를 잘 알지 못한다. 그래서 자신이 원하는 것과 잘하는 것 사이에서 늘 갈등한다. 자기 자신이 어떤 사람인지 알고, 성향과 강약점을 보다 면밀히 파악하고 있다면 우리는 전혀 다르게 살 수 있다.

등잔 밑이 어두운 것처럼 어쩌면 우리는 자신을 인식하고 이해하는 데 가장 소홀한지도 모른다. 먼저 내가 어떤 사람인지 파악하는 것에서부터 시작하자.

인성경영은
착한 사람을
선별해내는 게 아니다

1970년대 중반, 고려대학교에서 인사관리 전공으로 석사 과정을 밟을 때부터 인성경영과의 인연이 시작되었다. 당시 나는 박내회 교수님의 지도하에 매슬로우의 욕구 5단계 이론을 배경으로 한 '직무 태도에 관한 비교 연구'를 주제로 석사 학위 논문을 썼다. 그 후에 경영에 전반적으로 활용되는 인성경영에 관하여 실무적으로 매일 접할 수 있는 기회가 찾아왔다.

지속가능한 기업을 위한 핵심 조건, 인성경영

나는 한국그런포스펌프의 창립 CEO를 선발하는 과정에서 최종 후보가 되었다. 그리고 면접을 보기 위해 덴마크의 아주 작은 시골 마을인 비에링브로에 위치한 그런포스 그룹의 본부에 면접을 보러 갔다. 오전에는 거대한 규모의 생산 시설을 돌아보고 그런포스 그룹의 인사 담당 수석 부사장인 피터 비스트루프Peter Bidstrup의 안내로 면접 준비를 했다. 그는 "그런포스 그룹에서는 면접을 하기 전에 인성검사를 하는데 괜찮으냐?"고 질문했다. "괜찮다"고 했더니 옆방에서 설문지를 가지고 왔다.

그때는 퍼스널 컴퓨터나 스마트폰이 없었다. 팩스나 DHL 배송을 통해 서류를 주고받으며 일하던 시절이라, 종이 설문지로 인성검사를 실시했다. 설문을 하려고 설문지를 보는 순간 깜짝 놀랐다. 당연히 영어로 된 설문지일 거라 생각했는데 한글이 씌어 있었기 때문이다. 30년 전, 그것도 북유럽의 한 시골 마을에 있는 사무실에서 한글로 된 설문지를 내놓다니, 실로 대단한 일이었다.

덴마크에서의 인성검사와 면접을 마치고 나는 한국그런포스의 초대 창립 CEO가 되었다. 그 후로 25년 동안 인성경영을 접목하여 경영 전반에 아주 유용하게 활용하였다. 지금은 PMG Predictive Management Group를 창업하여 '인성경영'의 중요성과 필요성을 우리나라에 적극적으로 전파하고 있다.

'인성경영'을 위한 인성검사는 설문지를 통하여 실시한다. 이때 설문 내용은 300건 이상의 논문으로 타당성Validity이 과학적으로 입증된 것이다. 그리고 인성평가의 결과 보고서를 통하여 3단계로 분석된다.

1단계, 각 개인의 '타고난 인성'을 파악한다. 각기 다른 인성을 타고난 사람들은 현재의 직장 환경에 대응해서 '적응'하거나 '변화'하려고 노력한다. 이를 분석하고 파악하는 것이 2단계다. 그리고 두 가지가 합쳐져서 '실제로 관찰되어지는 행동'으로 나타나는데, 이를 분석해서 활용하는 것이 3단계이다.

인성경영의 출발점은 '자기 인식'을 확인하고 '서로 다름을 이해'하고 포용하는 것이지, 사람들의 좋고 나쁜 면을 가려내는 것이 아니다.

적재적소에 인재를 배치하고, 함께 일하는 사람들끼리 잘 어우러지는 행복하고 생산성 높은 조직을 만들기 위해서는 인성경영이 필수다. 경영자를 비롯해 구성원들이 자신을 알고 상대방을 알아야 팀워크가 생기고, 그들을 아우르는 리더십이 나올 수 있기 때문이다. 그리고 그 귀결점은 지속가능한 기업을 만드는 것이다.

인성은 유전과 학습 및 경험을 통하여 형성된다. 그러므로 기업 구성원이 인성에 맞는 직무를 맡아 일을 하게 되면 생산성과 직무 만족도가 높아진다.

반면 인성에 맞지 않는 임무를 맡은 구성원은 스트레스가 쌓이고 생산성이 떨어진다. 이는 결국 이직을 하는 원인이 된다. 이러한 현상은 개인이나 회사에 모두 이롭지 않다. 신바람 나서 일하는 직원과 마지못해 일하는 직원, 누가 더 생산성이 높겠는가? 누가 더 조직을 사랑하겠는가?

인성경영의 가치를 아는 기업의 미래

인성검사는 다양한 분야에 사용된다. 크게 '인재 채용', '인재 개발', '변화 관리', '성장 전략'에 필요하다. 그리고 후계자 승계 계획 Successor Planning을 수립할 때도 인성검사가 큰 효과를 발휘한다.

한국그런포스펌프를 25년 동안 경영하면서 인성검사를 경영에 도입해 큰 효과를 얻었다. 그런포스는 매년 신규 채용을 할 때는 물론이고 임직원을 대상으로 실시한 인성검사의 결과를 회사 조직의 전반적인 인사관리에 반영한다. 대부분의 글로벌 기업들은 임직원들의 채용 단계에서부터 퇴직 때까지 인성검사 결과를 활용한다. 주요 임원과 핵심 팀장 및 매니저들도 인성검사 결과를 분석하는 능력을 갖추고 있을 뿐 아니라, 면접을 하기 전에 면접관 교육을 받는다.

반면 한국 기업의 면접 임원을 만나 보면 "뭘 질문해야 할지 잘 모르겠다"고 하소연하는 경우가 많다. 제대로 교육을 받은 면접관이 드물고, 인성검사의 툴이 구비되지 않은 채 면접을Unstructured Interview(준비되지 않은 면접) 진행하기 때문이다. 이런 경우 인재 채용에 성공할 확률은 6퍼센트밖에 되지 않는다. 인성검사를 채택한 기업의 인재 채용 성공률이 50퍼센트를 넘어서는 것과 비교하면 극명한 대조를 이루는 수치다.

약 7~8년 전에 그런포스 타이완의 회장 겸 그런포스 일본의 보드 멤버로서 그런포스 타이완의 CEO와 그런포스 일본의 CEO를 채용할 기회가 있었다. 문화적 배경이 다르고 언어가 다른 외국인들을 면접하기 전에 인성검사를 실시했는데, 아주 의미 있게 활용되었다. 당시 최종적으로 채용된 2명의 CEO는 지금도 훌륭하게 근무하고 있다.

최근 들어 한국 기업들도 인성경영의 가치를 이해하고, 인성경영을 도입하기 시작했다. 이후 한국 기업가들의 중요한 화두는 인성경영이 될 것이다.

권력 주변의
탐욕자들을
관리하라

중국 베이징에 위치한 명나라 시대 환관 톈이의 묘에서 북경대학 역사학자로부터 중국 환관에 관한 강연을 들었다. 그 내용을 간단히 요약하면 다음과 같다.

환관 톈이는 3명의 황제를 보좌했다. 만력제의 깊은 신임을 얻은 그에게는 항상 중책이 주어졌고, 죽은 뒤에도 황제가 특별히 묘를 만들어주었다. 그 이후 환관들이 톈이의 인품과 위신을 흠모한 나머지 그의 묘지에 합장되기를 희망했으며, 이로 인해 톈이의 묘는 환관들의 묘군이 됐다. 그리고 이곳에 환관의 역사를 주제로 한 테마 박물관이 중국에서 가장 먼저 지어졌다.

주변 사람의 관리도 리더의 몫이다

환관 박물관의 전시실을 돌아보면서 한국의 과거와 현재 상황에 비추어 여러 생각을 하게 되었다. 절대 권력자인 황제의 주위에는 충신의 역할을 한 환관도 있었지만, 왕조를 패망시키고 황제를 시해한 환관이 훨씬 더 많았다. 한국의 역대 대통령들도 권력의 주변에서 부조리를 저지른 친인척이나 측근들 때문에 리더십에 상처를 입고 명예를 실추당한 사례가 자주 있지 않았던가. 타국의 역사를 반면교사로 삼아보자는 의미에서 톈이의 묘 박물관에 전시된 자료를 소개해본다.

자료 중에 진나라 환관 조고와 관련된 지록위마(指鹿爲馬)라는 고사가 특히 눈길을 끌었다. 진시황제가 죽은 뒤, 환관 조고는 무능한 호해를 즉위시키고 스스로 승상이 되어 권력을 마음대로 휘둘렀다.

조고는 권력을 장악하고 조정 대신들이 얼마나 자기를 지지하는지 확인하기 위해 어느 날 황제에게 사슴 한 마리를 바치면서 "말을 헌상하옵니다"라고 말했다. 그러자 황제는 "사슴을 가지고 말이라고 하다니"라며 좌우의 신하들을 둘러보았다. 조고가 정색하며 말했다. "이건 분명히 말입니다. 믿지 못하겠으면 여기 있는 대신들에게 물어보십시오." 황제의 물음에 조고를 두려워하는 대신들은 그것이 '말'이 맞다고 했다. 그리고 몇몇은 입을 다물었다. 사슴이라고 대답한 용기 있는 신하는 훗날 죽음을 당했다. 그 후 조고는 호해를 죽이고 부소의 아들 자영을 황제로 옹립했다. 그러나 이번에는 조고 자신이 자영에게 주

살당하고 말았다.

기군유술(欺君有術)로 기록된 당 문종 때의 환관 구사량은 감로지변(甘露之變) 후에 실권을 쥐고 황제를 기만하는 등 온갖 횡포를 부린 것으로 유명하다. 명나라 말기 국정을 농단하며 왕조의 수명을 단축시킨 환관 위충현에 관한 자료도 전시돼 있었다.

리더의 판단을 흐리거나 리더를 기만하는 일, 부정부패와 비리에 연루되는 것은 비단 국가 공무원만의 일이 아니다. 경영자 역시 이런 일에서 자유롭지 않으며, 기업을 경영하는 데도 많은 시사점을 준다.

미국의 한 시장조사 회사에서 실시한 기업 시민의식 조사 결과에 따르면, 회사의 부정적 활동을 알게 되었을 때 91퍼센트의 소비자가 "그 회사의 제품을 쓰지 않겠다"고 답했다. 불매운동을 벌이겠다고 답한 이들도 76퍼센트에 이르렀다. 제품의 문제로 인한 리스크는 차라리 관리하기 쉽다. 하지만 경영진에 의해 브랜드가 훼손되거나 신뢰를 잃는 것은 차원이 다른 문제다.

이때 최고 경영진의 판단이 흐려져 문제가 되기도 하지만, 감언이설만 일삼는 참모들 때문에 리더의 눈과 귀가 가려져 문제가 생기기도 한다. 듣기 좋은 말에 현혹되어 본분을 잊은 리더는 결코 바른 길을 갈 수 없다. 주변 사람을 관리하고 제대로 된 인재를 옆에 세우는 것도 리더의 몫이다.

역사에서 무엇을 배울 것인가

역사를 뒤돌아보며 오늘을 반추하고 미래를 조망하는 것은 왜일까? 잘못된 역사를 되풀이하지 않고, 훌륭한 본보기는 더욱 발전시키기 위함이다. 국가나 기업이 도도히 흐르는 역사 속에서 과오를 되풀이할 것인지 성공적인 발전을 도모할 것인지는 흥망성쇠의 결실을 가져갈 구성원의 몫이다.

대통령이 탄핵을 당하고 2명의 전직 대통령이 구속되는 등 우리 국민들은 불행한 역사의 한 장면을 목도했다. 톈이의 묘 전시실에 있는 사료들처럼 역사는 지금 우리의 선택이 옳았는지 틀렸는지를 기록할 것이다.

대통령이나 기업의 CEO가 자신을 바로 세우려면 먼저 자기 주변 관리를 철저히 해야 한다. 또한 듣기 좋은 소리를 하는 사람보다 쓴소리하는 조언자를 가까이 하는 것이 현명하다.

부와 권력이 있는 곳에는 탐욕자들이 모이게 마련이다. 그들 중 흑백을 가리고, 귀를 달콤하게 하는 말을 멀리하고, 스스로의 도덕성을 끊임없이 점검해야 한다. 그런 리더 곁에는 독버섯처럼 피어나는 탐욕의 잔재들이 발을 붙일 수 없다. 또 개인의 노력에만 모든 것을 의지할 수는 없으므로, 제도적 장치를 마련하는 것도 필요하다.

진정한 어른의
품격에서
나오는 향기

태국의 국민들로부터 존경을 받았던 푸미폰 국왕이 2년 전 타계했다. 태국이 국가적 위기에 처할 때마다 정치적 중재를 하며 결정적 역할을 하던 국왕의 뉴스가 생각났다. 푸미폰 국왕은 직접 태국의 여러 곳을 시찰하며 민정을 살폈고, 왕실의 많은 재산을 시골 지방의 발전을 위한 자금으로 제공했다. 그만큼 국왕의 인기는 높았다.

거의 신적인 인물로 존경받았는데, 곳곳에 걸려 있는 푸미폰 국왕과 왕비의 초상화로도 짐작되는 일이다. 내가 태국을 방문했을 때는 국왕의 사후임에도 불구하고 여러 곳에서 그의 생전 모습을 다큐멘터리로 방영하고 있었다. 국민들의 존경을 받는 리더의 모습을 현실로 체감했다.

진정한 리더는 죽은 후에도 사람들의 가슴에 남는 모양이다. 푸미폰 국왕을 통해 리더를 넘어 한 국가의 정신적 지주였던 품격 있는 어른의 위용을 엿볼 수 있었다.

노승과 노목이 있는 사찰

몇 년 전에 문화재청장을 지낸 유홍준 교수와 함께 일본 교토로 역사 문화 탐방을 다녀왔다. 어느 오래된 사찰을 돌아보던 중 유 교수가 "사찰에는 노승과 노목이 있어야 품격이 올라간다"는 이야기를 했다. 세월의 풍파를 겪으며 골이 깊어진 주름과 나이테 속에 품은 지혜로움, 그리고 어른으로서의 품격이 사찰의 깊이를 더해주기 때문이리라.

그 말을 들으며 문득, '지금 우리 주변에 국민들의 존경을 받고 사랑을 받는 어르신이 있는가?'라는 궁금증이 들었다.

얼마 전에는 우리나라의 품격을 지켜주던 큰 스님이 있었고, 추기경도 있었다. 그리고 예전의 동네 마을에는 호랑이 할아버지나 할머니가 있었고, 학교에는 무서운 별명을 가진 선생님이 있어 사리에 맞지 않는 일을 하면 혼을 내곤 했다. 그런 존경받는 어르신이 가족 중에도, 학교에도, 마을에도, 나라에도 있었다.

요즘은 어떤가? 세상은 어느 때보다 복잡하게 돌아가고 있다. 유럽은 난민 문제와 테러로 무척이나 불안하다. 미국의 대통령 선거전은 예전과 달리 막말이 난무했고, 지금도 페이크 뉴스에 대한 논란은 시끄러움을 야기한다.

시선을 돌려 우리나라를 봐도 답답하긴 마찬가지다. 청년 실업 문제, 경제적 양극화, 최저임금을 둘러싼 갈등, 높은 자살률, 인구 감소 등 해결책을 찾지 못하고 표류하는 이슈가 수두룩하다. 정치적으로는 여야를 막론하고 품격 있는 리더십을 찾기가 어렵다. 여러 명의 전직 대통령들은 퇴임 후에 국민들의 가슴을 아프게 했다.

교육 현장에는, 높은 수입과 유명세를 자랑하는 학원 강사는 있지만 정작 존경받는 큰 스승은 드물다. 성과를 내는 기업과 경영자는 많은데 사회적으로 존경받는 경영자는 소수에 불과하다. 관리자는 많지만 진정한 리더는 부족하며, 권력자는 많지만 품격 있는 어른은 찾아보기 힘들다. 혼란의 상황에서 국민들이 믿고 따를 수 있는 나라의 어르신이 절실하다.

품격 있는 어른은 무엇으로 만들어지는가

예술의 전당에서 열린 문자도와 책걸이 그림 전시회에 간 적이 있다. 대부분의 문자도에 효제충신예의염치(孝悌忠信禮儀廉恥)라고 쓰여 있었다. 이런 마음가짐을 담아 오래 전부터 문자도 병풍으로 꾸며 옆에 두고 평생 따라야 할 가치로 삼았던 것이다. 특히 우리 선조들은 예의염치를 중시했다. 이 중에 하나가 없으면 나라가 기울게 되고, 둘이 없으면 나라가 위태롭게 되며, 셋이 없으면 나라가 뒤집

어지고, 모두 없으면 나라가 파멸을 면하지 못한다고 했다.

예의염치는 사회와 나라를 존재하게 하는 가장 중요한 기본 덕목이다. 그런데 우리가 살아가는 현실은 딴판이다. 예의염치가 무너지는 것 같아 안타깝다. 이른바 '헬리콥터 맘'이라고 불리는 부모는 대학생 자녀의 성적을 따지기 위해서 교수를 찾아가거나 전화한다. 군대에 입대한 아들의 생활에 관여하려고 민원을 내고, 자녀가 입사시험에 떨어지면 회사에 찾아가 이유를 따진다.

공공이나 민간 분야의 선봉에 선 이들이 모범을 보여 선한 영향력을 주어야 하는데, 반대로 추락하는 모습을 보여주며 사람들 마음을 어둡게 한다. 이런 현실을 보고 있노라면 품격 있는 리더, 품격 있는 어른에 대한 그리움이 더욱 절실해진다.

영화 〈인턴〉에는 조금 남다른 인턴이 등장한다. 아이비리그를 졸업한 파릇파릇한 신인이나 이제 막 사회에 첫발을 내딛는 젊은이가 아니다. 영화 속 인턴은 40년 이상의 직장생활 경험을 가진 70세의 남자다. 심지어 그는 은퇴 전 기업의 중역이었다.

이 늙은 인턴은 자신의 연륜과 나이를 내세워 아는 척하거나 잘난 척하지 않는다. 자기 본분에 맞춰 성실하게 일하며, 타인의 이야기를 경청하고, 주변 사람들을 배려한다. 작은 일도 하찮게 여기지 않으며, 무엇보다 배우고자 하는 자세가 돋보인다. 70세의 남자가 인턴 사원으로 일한다면 어떨지 예상 가능한 모든 이미지들을 전복한다.

한데 참으로 역설적이게도 사회 초년생으로 돌아가 겸손하고 겸허하게 일하는 그의 모습에서 어른의 품격을 느끼게 된다. 지위가 높고, 재산이 많고, 명예가 드높아야만 진정한 어른이 되는 것은 아님을 단적으로 보여주는 사례다. 비록 허구의 이야기고 캐릭터일지언정, 나이를 먹는다고 어른이 되는 것이 아님을 반성케 한다.

여러 나라로 출장을 다니고, 각 나라 사람들을 만나본 경험과 느낌에 기대어 생각해보면 북유럽 국가나 스위스, 독일 같은 선진국들은 사회적 품격이 남달랐다. 상대와 주변 사람에 대한 배려와 존중이 탁월했다. 특히 이들 나라 리더들의 언행에서 그런 모습을 분명히 볼 수 있었다.

품격은 지위나 명예, 부를 통해 얻어지는 것이 아니라, 스스로에게 부끄럽지 않은 태도로 살아갈 때 저절로 풍겨 나온다. 각자의 자리에서 품격 있는 사람으로 살아가고 있는지를 돌아볼 일이다. 우리 선조들이 지켜온 예의염치를 되새겨보는 것도 좋겠다. 품격 있는 리더가 많을수록 국격도 높아진다.

무대를
넓히고 싶다면,
프로정신으로 무장하자

언젠가 돌고래에 관한 다큐멘터리를 본 적이 있다. 동물원에 있던 돌고래를 제주 앞바다, 즉 야생으로 돌려보내기 위한 과정을 담은 것이었다. 바다에 가두리를 치고 야생에서 생존할 수 있도록 미리 훈련시켜 방생한 후 야생에 잘 적응하는 것을 확인하는 감동적인 내용이었다.

보호받던 동물이 야생에서 생존하는 방식은 프로가 자신의 분야에서 살아남는 방식과 유사하다. 이들 모두 끊임없는 훈련만이 살아남을 수 있는 유일한 길이다. 이는 개인이나 기업, 그리고 국가에 이르기까지 예외가 없다. 때문에 정글과도 같은 글로벌 시대를 살아가는 우리 모두는 프로가 되어야 한다.

글로벌 인재라면 진정한 프로가 돼야 한다

21세기 글로벌 시대의 '프로'는 어떻게 정의할 수 있을까? 나는 가족이나 지인, 나아가 정부의 도움 없이 전 세계 어디에 나가서도 살아남을 수 있는 실력을 갖춘 사람이라고 정의하고 싶다.

얼마 전 20년 가까이 알고 지내는 여성 보험설계사가 찾아와 오랜만에 이야기를 나누었다. 평소에 궁금하게 여기던 터라 실례를 무릅쓰고 월급이 얼마인지 물었다. 월급은 전혀 없고 성과에 따라 성과금을 가져간다고 했다. 그녀는 가족의 생계를 누구의 도움도 없이 홀로 해결하고 있었다.

몇 년 전 프로 암 골프대회에 참가했을 때 한 외국인 프로에게도 같은 질문을 했었다. 성적이 좋지 않아서 상금을 타지 못하면 비행기 표, 숙박비 등 모든 비용을 본인이 부담해야 한다고 했다. 내가 보기에는 이들이야말로 진정한 '프로'다.

지금 이 순간에도 프로들은 국경을 가리지 않고 전 세계 곳곳에서 일하며 큰 성과를 만들어내고 있다. 글로벌 기업들이 아시아태평양 지역의 거점으로 활용하는 싱가포르는 이러한 프로들의 집합소로, 그들은 매일 매일을 경쟁 속에서 살아남는다. 세계 비즈니스의 중심지인 뉴욕 역시 프로들의 전쟁터다. 우리나라의 삼성전자도 뉴욕에서 매년 신제품 휴대전화를 출시하며 정면 승부를 벌이고 있다.

2018년 IMF가 발표한 한국의 국민 1인당 GDP는 3만 2,775달러다. 이 수치는 우리가 이제 선진국의 반열에 들어섰음을 의미한다.

그렇다면 우리 국민 각자는 어떠한가? 선진국 국민의 삶을 살고 있는가?

나는 기업의 임직원들이 퇴직 후 회사라는 울타리를 벗어나자 자립하지 못하고 주저앉는 모습을 많이 보았다. 회사 안에 있을 때 끊임없이 노력하고 정진해 프로로서의 자질을 높이고 발전했어야 하는데, 그러지 못한 결과다. 이는 세계 시장으로 나가야 하는 우리 국민과 기업에게도 시사하는 바가 크다. 국가라는 울타리 안에서 프로로 성장하지 못한다면 세계 시장에서의 성공은 더욱 요원한 일이 될 것이다. 국가 역시 주어진 환경에 안주해 진정한 프로로 성장하지 못한다면 유사한 결과를 맞닥뜨려야만 한다.

글로벌 시대에 걸맞은 프로맨십이란?

현재 우리가 살아가고 있는 디지털 시대와 글로벌 시대에 걸맞은 프로맨십을 강조하고 싶다. 기업의 임직원, 취업준비생, 그리고 국가 경영에 참여하고 있는 기성세대나 젊은 세대 모두 예외는 없다. 엄청난 속도로 변하는 디지털 환경과, 경계 없는 경쟁을 벌이는 글로벌 시대에 걸맞은 프로맨십은 무엇일까?

내가 정의하는 글로벌 시대의 프로맨십은 선진국과 후진국을 망라한 글로벌 시장에 도전해서 외부의 지원 없이 자기만의 차별화된 역량과 비즈니스 모델로 생존하고, 나아가 지속가능한 성과를 창출하는 '프로들의 정신 자세와 능력'이다.

언제나 넉넉한 먹이가 주어지는 가두리 안의 물고기처럼 안전한 울타리 안의 세계에 안주해서는 안 된다. 가두리가 무너지는 순간, 그 안의 물고기는 곧바로 생존을 위협받는다. 글로벌 세상에 나아가 승부를 걸고자 한다면, 거센 물살을 스스로 헤쳐 나갈 수 있는 자신감과 생존 능력을 길러야만 한다. 이것은 전쟁터와도 같은 글로벌 경영 현장에서 내가 직접 경험하고 관찰하며 깨달은 사실이다.

취업난을 겪고 있는 젊은 세대들은 같은 나이의 다른 나라 젊은이들과 비교해 어떤 차별적 경쟁력을 갖고 있는지 생각해보길 권한다. 퇴직을 앞둔 대기업의 임직원이라면 창업주의 기업가정신과 실행력으로 다져진 브랜드와 평판 없이도, 야생의 기업 생태계에서 생존할 수 있는지 점검해봐야 한다. 우리나라를 이끌어가는 리더들도 마찬가지다. 국가 간에 치열한 생존 경쟁이 벌어지는 '지구'라는 삶의 터전 위에서 어떻게 번영을 꾀할 수 있는지를 끝없이 고민해야 한다. 프로맨십은 그러한 과정에서 길러진다.

국민들의 사랑을 받는 이승엽 선수는 국제무대의 프로들과 승부를 겨루며 프로맨십을 단련했다. 그런 그가 치열한 승부의 최전선에서 한 이야기들은 하나하나 살아 있는 명언이다.

"프로 세계는 냉정하다. 방심하는 순간 끝장이다. 그동안 반짝하고 사라지는 스타들을 숱하게 봐왔다."

"죽도록 연습했다. 이야기를 나눌 시간도, 상황도 아니었다. 쉬고 싶다고 쉴 수도 없었다."

"특급 선수들의 화려한 모습만 보면 안 된다. 그들이 그 자리에 오르기까지 얼마나 피나는 노력을 했는지 생각해야 한다."

"순간의 유혹에 지면 모든 것을 잃을 수도 있다. 하고 싶다고 다 해선 안 된다. 절제가 필요하다. 한 잔 더 권했을 때 거절할 줄 알아야 하고, 한 잔 더 생각나도 참을 줄 알아야 한다."

이것이 '프로의 세계'다.

이것이 우리가 살아가야 할 세상이다.

도전

chapter 4

창조적
모험가만이
미지의 세계를
발견한다

현실에 만족하고 안주하면
우리는 늘 같은 모습으로 살아야 한다.
때론 안전한 선택 대신 리스크를 감수하는
도전이 필요할 때가 있다.
무에서 유를 창조하는 모험 정신과 경쟁의 룰을 바꾸는
혁신적 도전 의식으로 리셋하자.
창조적 모험가만이
미지의 세계를 발견할 수 있다.

이기고 싶다면
먼저 경쟁의
룰을 바꿔라

사람은 누구나 성공과 행복을 꿈꾼다. 그런데 남들과 같은 방식으로 생각하고 살면서 남들보다 더 잘 살거나 더 행복하고자 한다. 하지만 남들과 똑같은 방식으로는 성공할 확률이 대단히 적다.

언론 보도에 따르면, 우리나라에서 취업을 원하는 젊은이 대부분은 대기업을 선호한다. 물론 대기업에 근무하면 훨씬 더 안정적이고 보장된 삶을 살 수 있다. 그러나 그곳은 수십 년 동안 수많은 선배들이 만들어놓은 보금자리다. 그 기업의 거대한 톱니바퀴 속에서 톱니 역할을 잘해낸다고 해도 성취감을 얻고 큰 기여를 할 확률은 크지 않다. 무엇보다 새로운 도전을 꿈꾸는 이들에게는 적합하지 않다.

물론 사원에서 시작해 CEO가 되고 엄청난 성공과 결실을 거두는 이들도 있다. 하지만 극히 일부에만 국한된 성공 스토리다. 뿐만 아니라 대기업에서 성공적인 직장생활을 하다가 은퇴한 이들 중에는 제2의 인생을 꾸려갈 때 사회 적응력이 떨어지는 경우가 많다.

얻고자 하는 게 있다면 반드시 잃어야 하는 것도 있다

"왜 대기업에서만 일하려고 하나요? 중소기업으로 눈을 돌려보세요. 거대 조직의 일원이라는 소속감에 젖어 있다 보면 주어진 일만 하게 됩니다. 그것보다는 숲을 볼 수 있는 중소기업에서 사회생활의 첫 발을 내디뎌보세요. 많은 분야의 일을 본인이 직접 해야 하기 때문에 힘든 만큼 많은 것을 배울 수 있습니다. 그렇게 직접 터득한 경험과 지식이 쌓이면 미래에 오너로서 창업할 수 있는 자신감을 얻게 되고, 기회도 훨씬 많아집니다."

나는 취업을 앞둔 청년들에게 이런 조언을 자주 한다. 대기업에 비해 중소기업은 근무 조건이나 평판 등 많은 것이 성에 차지 않을 수 있다. 그러나 이 세상은 모든 것이 부족함과 충족함의 총량 원칙이 있고, '트레이드오프Trade-Off(서로 대립되는 것 사이의 균형)'가 있다. 얻고자 하는 것이 있으면 반드시 다른 것을 희생해야만 한다.

육군사관학교를 졸업한 나는 20대 후반에 육군 대위로 전역했다. 군에서 근무할 때 육군사관학교 출신은 상당한 존재감이 있을 뿐 아니라 선후배들의 도움도 많이 받을 수 있다. 하지만 막상 사회에 나오니 황량한 사막에 혼자 서 있는 기분이었다. 그때 나는 안이한 선택 대신 무에서 유를 창조하는 모험을 감행했다. 그동안 쌓아온 지식과 경험만으로는 기존 경쟁의 룰에서 승자가 되기 어렵다는 판단을 내리고, 스스로 '경쟁의 룰'을 바꾸기로 했다.

나는 무역회사인 하림통상의 창업 멤버로 합류했다. 전 직장이었던 진흥요업에서 세계 곳곳을 다니며 수출 세일즈맨의 역할을 밑바닥부터 경험했기에, 5년 동안의 뉴욕 현지법인장을 거쳐 단기간에 본사 CEO 자리에까지 오를 수 있었다. 1981년 '자본금 1만 달러'와 현지법인장에게 전권을 위임한다는 '이사회 결의서'를 들고 뉴욕으로 출발했다. 자본금이 떨어지면 귀국한다는 조건이었기 때문에 배수진을 치고 전력투구했다.

뉴욕에서는 하루에 바퀴벌레가 몇십 마리씩 나오는 퀸스의 저소득층 아파트에서 살았다. 사무실은 다운타운 월가 가까이에 있는 56 파인 스트리트에 위치한 아주 작은 공간에 자리를 잡았고, 자동차는 10년 넘은 중고차를 구입했다. 뉴욕 한복판에서 주말도 휴가도 추수감사절이나 성탄절도 없이 쉬지 않고 일했으며, 주재 기간 중 절반은 미국 국내와 중동, 유럽, 아시아, 한국 등으로 출장을 다녔다.

그 결과 중동에서 건설되고 있는 대형 프로젝트의 다양한 업무를 따내는 성과를 올렸으며, 좋은 파트너들을 만나는 행운도 얻었다. 뉴욕 진출 2년 만에 79 매디슨 애비뉴 건물의 한 층을 다 사용하고도 공간이 모자라서 뉴저지 포트리에도 사무실을 얻었다. 집도 뉴저지 주의 좋은 동네로 이사했다. 사교활동의 폭도 넓어져서 코네티컷 주의 그리니치에 위치한 역사 깊은 프라이빗 골프클럽인 태머랙 컨트리 클럽Tamarack Country Club의 회원이 되었고, GE 종합상사의 CEO 뿐 아니라 뉴욕 메트로폴리탄 클럽의 멤버인 몽고메리 엘리베이터 Montgomery Elevator Company의 회장과도 교류했다.

당시 하림통상 매출액의 90퍼센트를 뉴욕에서 일으켰고, 그 이익금을 한국에 송금하여 반월공단에 큰 규모의 공장까지 건립했다. 그무렵 나는 모회사(母會社)인 유원건설의 뉴욕 지사장직도 겸임하며 성공적인 결과를 이루어냈다. 그로부터 5년 후, 만 35세에 본사의 대표이사로 금의환향했다. 이는 대기업에 입사했다면 상상도 할 수 없는 결과이다.

경쟁이 필요 없는 새로운 성공의 주인공이 돼라

이후에도 나의 맨주먹 도전은 멈추지 않았다. 한국 기업의 뉴욕 현지법인장과 본사 대표이사를 역임한 경험을 토대로, 한국에 처음 진출하는 글로벌 기업에 도전해서 25년 동안 CEO로 성공적인 경영을 해왔다. 스스로 경쟁의 룰을 만들고 자신만의 전략과 지략을 총동원해서 기업을 성공적으로 성장시킨다는 것은 정말 멋진 일이다. 남들이 만들어놓은 안락한 보금자리에서 많은 혜택을 누리며 출발한 사람은 절대로 그 이상의 결실을 얻을 수 없다.

맨주먹으로 회사를 일으킨다는 것은 평생 세일즈를 해야 된다는 뜻이다. 세일즈의 룰도 스스로 새롭게 정립해나가야 한다. 수많은 사람들이 오랜 기간 동안 같은 분야에서 인적 네트워크를 형성해놓은 시장에 진입해서 새로운 상품과 가격으로 도전한다는 것은 거의 승산 없는 게임이기 때문이다.

뿐만 아니라 차별화된 아이디어와 사업 모델로 경쟁해야 성공할수 있다. 자동차 한 대 없이 세계에서 가장 큰 택시 회사가 된 우버Uber와 집 한 채 없이 세계에서 가장 큰 숙박 공유 플랫폼 회사가 된 에어비앤비Airbnb도 마찬가지다. 이처럼 전혀 다른 경쟁의 룰로 승부하면 상상 이상의 결과를 만들어낼 수 있다.

지금은 남다른 아이디어와 새로운 경쟁의 시대다. 어떻게 하면 기존의 경쟁자를 이길 수 있느냐에 골몰할 게 아니라, 경쟁의 룰을 바꾸어서 자신만의 방식으로 승부를 내야 한다. 새로운 경쟁의 룰을 만들고 그곳에서 승자로 새로운 역사를 써나가는 것은 각자의 몫이다.

지금 이 순간에도 세계 곳곳에서는 골리앗을 상대로 이긴 다윗이 아닌, 골리앗이 생각지도 못한 세상을 만들어낸 다윗이 새로운 승자의 스토리를 써나가고 있다. 이러한 세상의 변화를 읽지 못하고 기존의 룰만 고집한다면 그 게임에서조차 승자가 될 수 없을 것이다.

위기는
혁신을 위한
기회다

한국그런포스펌프를 창립하고 7년간 앞만 보고 열심히 뛰었다. 그 결과 가스보일러의 심장이라고 할 수 있는 소형온수순환펌프small Circulator Pump의 국내 시장을 거의 60퍼센트 이상 점유하는 쾌거를 올렸다.

그런데 1997년, IMF 외환위기가 닥쳐왔다. 소형 펌프는 거의 자동화된 시설에서 생산되기 때문에 국내에서 생산하지 않고 전량 수입해서 판매하고 있었다. 그러다 보니 급작스러운 환율 변동에 의해서 의도하지 않게 수입 판매 가격이 배로 상승했다. 초유의 경제 위기 상황에서 거의 모든 고객들이 그러한 가격 변동을 감당할 수 없었다.

당시 나는 덴마크 그런포스 그룹의 최고 경영진과 매일 한두 시간씩 국제전화로 회의를 했다. 세계 판매담당 수석 부회장을 일주일에

한 번씩 한국에 오게 해서 위기를 돌파할 때까지 가격을 낮추어 고객을 도와주면서 관계를 유지하자고 주장했다. 그런포스 그룹 측도 고민이 많았다. 고객관계를 계속 유지하는 것이 중요하다는 것은 알지만 기약 없이 큰 금액의 손실을 감수해야 하기 때문이었다.

"고객과의 관계는 한번 단절되면 10년 이내에는 다시 회복할 수 없습니다. 위기 상황일수록 고객들의 어려움을 함께 나누며 기다려 주는 경영을 해야 합니다." 나의 이런 강력한 주장에도 불구하고 덴마크의 그룹 본부에서는 최종적으로 한국의 경제 위기는 그런포스의 잘못이 아닌 한국 자체의 문제이기 때문에 손실을 감수할 수 없다는 결론을 내렸다. 그 의사결정으로 인해 오랜 기간 동안 각고의 노력으로 확보한 시장 점유율과 매출은 하루아침에 거의 절반 정도 날아갔다.

위기는 생각지도 못한 혁신을 가능케 한다

절체절명의 경영 위기 앞에서 회사의 최고 책임자는 어떤 해결 방안을 찾아야 할까? 나는 그룹 본부의 결정을 탓하며 시간을 지체하지 않았다. 그 대신 우리의 매출액을 다 가져간 국내의 한 제조업체를 찾아가서 오너 사장을 만나 회사의 매각을 제안했다. 물론 처음에는 단호히 거절당했다. 하지만 몇 개월에 걸쳐 부단히 노력한 결과, 해당 제조업체뿐 아니라 덴마크의 그룹 경영진도 설득해서 결국 그 회사를 인수해냈다. 그것이 지금의 '청석펌프'이다.

당시 청석펌프는 가스보일러용 온수순환펌프만을 생산해 대형 보일러업체에 납품하고 있었다. 그러던 어느 날 덴마크 그룹 본부의 전 세계 공작기계용 펌프 책임자와 회의를 하게 되었다. 그 자리에서 그룹 본부의 책임자는 일본에 있는 회사를 비밀리에 M&A하려고 시도 중이라고 말했다.

나는 그 즉시 새로운 제안을 했다. "우리는 청석펌프를 갖고 있습니다. 시화공단에 땅도 있고, 건물도 기계도 사람도 있습니다. 우리가 개발하고 제조할 테니 일본 회사를 큰돈 들여 인수하지 말고 우리에게 그 일을 주십시오." 그러나 그 책임자는 나의 제안을 받아들이지 않고 일본 업체와 M&A 협상을 진행하겠다고 했다.

그 후 1년 정도 지나서 일본 업체와의 협상이 결렬되었다고 연락이 왔다. 그러면서 1년 전 나의 제안이 아직도 유효한지 물어왔다. 나는 주저하지 않고 확답했다. "청석펌프에서 그 일을 진전시키겠습니다."

곧이어 청석펌프 개발팀에서는 CNC 머신이나 머신센터와 같은 공작기계에 설치되는 펌프 개발을 6개월 만에 마치고, 이후 6개월 뒤에는 수출용 완제품을 만들어냈다. 이는 덴마크 연구개발팀이 5년 동안 노력해도 안 된 것을 한국에서 1년 만에 성공시킨 것이며, 거대자금을 들여 일본 기업을 인수해서 하려던 사업을 소액의 투자만으로 한국에서 이루어낸 성과다. 또한 우리나라는 새로운 제품을 일본과 중국에 수출하게 되었으니 윈윈의 효과까지 거둔 셈이다.

무에서 유를 창조해낸 경험이 있으면 위기 상황에 직면해서도 좌절하지 않고 오히려 역발상을 해서 근본적인 대책을 찾는다. 잃어버린 마켓을 찾아오기 위한 묘안으로 우리의 매출을 빼앗아간 회사를 인수하는 전략이 바로 그러한 예다. 그 결과 매출과 시장 점유율을 단숨에 회복시켰고, 공작기계용 펌프의 제작 및 수출이라는 기대 이상의 성과를 낼 수 있었다. 그리고 덴마크 그룹에서는 막대한 금액의 인수합병 비용을 절감할 수 있었다.

삶의 체질을 바꿔야 인생의 지형도 달라진다

위기 상황일수록 근본적인 혁신이 필요하다. 그래야 회사의 체질을 획기적으로 개선시킬 수 있다. 개인의 인생도 마찬가지다. 과감한 도전과 근본적인 체질 개선 없이는 꿈꾸는 삶에 한 발짝도 다가갈 수 없다. 늘 같은 생각과 행동만 반복하는 이에게는 삶을 바꿀 그 어떤 기회도 찾아오지 않는다. 나는 회사와 함께 성장한 직원들의 사례를 통해서 이를 절감하고 있다.

초창기의 회사는 규모도 작고 브랜드도 잘 알려지지 않아서 훌륭한 직원을 채용하거나 대리점을 모집할 때도 많은 어려움을 겪었다. 그러던 어느 날 영업 담당 책임자가 뜻밖의 제안을 해왔다. "사장님, 저희 동네 비디오 테이프 대여점에서 일하는 점원 중에 아주 성실해 보이는 젊은이가 있습니다. 저희 회사 직원으로 채용해보면 어떨까요?" 나는 담당자에게 당장 그 점원을 회사로 초청해 면접을 하라고 독려했다.

그 직원은 공장 쪽 AS맨으로 일을 시작했다. 이후 AS 부서의 매니저 그리고 부산과 남부 지역 영업소장을 거쳤고, 현재는 세계적인 글로벌 기업의 한국 영업 담당 수장이 되었다. 그는 바로 신홍석 상무다. 동네 비디오 가게 점원이었던 시절, 단골손님이 건넨 뜻밖의 제안에 주저하지 않고 도전해서 삶의 체질을 완전히 바꾸는 노력을 기울인 결과, 그는 인생을 통째로 바꿀 수 있었다.

최근에는 내가 채용한 임직원들이 글로벌 무대에서 CEO로 일하기 시작했다. 대리로 입사해서 그런포스 싱가포르 사장으로 근무를 시작한 안기웅 사장이 대표적인 사례다. 나는 안기웅 사장에게 아시아 태평양 지역 회장, 멀리는 유럽 그런포스 그룹의 글로벌 CEO까지도 도전해보라고 독려했다.

이렇게 자신의 삶을 혁신적으로 개선하고 과감히 지형을 바꿀 줄 아는 이들과 함께 일한 덕분에 한국그런포스펌프도 성장을 거듭할 수 있었다. 기업의 체질은 경영자 한 사람의 노력으로 달라지지 않는다. 직원 개개인의 자발적 체질 개선 노력과 도전정신이 뒷받침되어야 가능하다. 그래서 사람이 최고의 경쟁력이고 그들과 함께한다면 이루어내지 못할 것이 없다.

가격 대신 품질,
고객이 원하는 것을
팔아라

회사 설립 후 나의 첫 번째 당면 과제는 시장 개척이었다. 당시 한국그런포스펌프는 '세계에서 가장 좋은 품질의 제품'이라는 강력한 무기를 갖고 있었다. 반면에 '가장 높은 가격'이라는 취약점도 안고 있었다. 이런 상황에서 시장을 공략하기 위한 가격 정책을 어떻게 수립할 것인가는 가장 중요한 과제였다.

당시 경쟁사들은 이미 수십 년 동안 시장을 선점하고 있는 상황이었다. 게다가 그들 제품의 가격이 훨씬 저렴한 상태에서 신설 회사가 시장을 개척한다는 것은 대단히 어려운 일이었다. 나는 우선 지인들이 운영하는 건설회사를 찾아가서 우리 회사와 제품을 소개했다. 하지만 그곳들도 이미 오래전부터 거래해온 업체가 있었고 담당 실무자들은 이미 그들과 파트너 관계를 맺고 있었다. 특히나 학연과 지연이 중시되는 대한민국에서 그런 인간관계의 틈새를 공략한다는 것은 대단히 어려운 일이었다.

레드오션에 뛰어드는 대신 그런포스만의 시장을 개척하다

가격은 세일즈를 위한 핵심적인 도구이다. 초기의 가격 전략은 기업의 목표와 제품력, 브랜드, 시장의 경쟁 정도 등 여러 요인을 고려한다. 1990년 국내 펌프 시장의 제반 환경은 그런포스의 가격 전략을 적용하는 데 매우 불리했다. 가격 중심 시장인 데다가 그런포스의 브랜드 인지도도 형성되어 있지 않았다. 그러나 한국그런포스펌프는 모험적인 선택을 했다. 기존의 저품질 저가 위주의 레드오션Red Ocean에 뛰어들지 않았다. 브랜드 이미지가 구축되지 않은 상황에서 고가 전략을 선택하는 것은 결코 쉬운 일이 아니다. 모든 게 불리한 여건이었지만 '고가 전략'을 밀어붙이기로 결정했다. 일시적인 시장 연착륙에 만족하기보다 장기적으로 기업 목표를 달성하기 위해서였다.

그런포스가 여러 가지로 불리한 상황에서도 고가 전략을 고수한 데는 나름의 확신이 있었기 때문이다. 펌프 가격을 산정하는 기준은 두 가지다. 첫 번째는 펌프를 구매하면서 초기에 지불해야 하는 '구매비용Purchase Cost'이고, 두 번째는 펌프가 수명을 다할 때까지 총 지불되는 '제품수명주기비용Life Cycle Cost'이다. 제품수명주기비용은 구매비용에 전기료와 유지보수비 등을 추가하여 산정된다.

펌프는 종류와 용도, 사용처 등에 따라 차이가 있긴 하지만 대체로 20년 이상 사용한다. 이렇게 수명이 다할 때까지 드는 비용을 100이라고 했을 때 초기 구매비용은 5퍼센트에 불과하다. 그 외 유지보수비가 10퍼센트, 전기료가 85퍼센트에 해당한다. 즉 장기적으로는 고효율, 고품질 펌프가 가장 저렴한 펌프가 되는 것이다. 사용하면 할수록 비용이 덜 드는 펌프인데다가 에너지 절약과 환경까지 보호하는 제품인 셈이다. 그러나 이런 제품의 기술적 정보가 소비자들에게는 제대로 전달되지 않고 있었다.

가격 대신 품질을 팔아라

당시 우리는 가격이 아닌 '품질'을 파는 마케팅을 선택했다. 확실한 믿음이 있었기 때문이다. 우리는 고효율 펌프를 보급해 에너지를 절약하고 환경을 보호하는 그런포스의 기업 철학을 유지하고, 유럽의 글로벌 스탠더드를 국내에 연결하는 목표를 동시에 달성한다는 사명감을 갖고 있었다. 무엇보다 품질과 효율에 대해 자신감이 있었다. 비록 경쟁사보다 초기 구매 가격이 높긴 하지만 궁극적으로는 고객에게 몇 배의 수익을 돌려줄 수 있다는 확신과 자부심이 있었다. 그런 이유 때문에 '가격 대신 품질'을 팔기로 결정한 것이다.

역발상으로 차별화 전략Differentiation Strategy 마케팅을 시도한 당시의 가격 정책은 지금도 멋진 추억으로 남아 있다. 그때 '돈 벌어주는 펌프!'라는 카피를 담은 판매 브로슈어를 제작하기도 했다. 돼지 저금통에 돈이 많이 쌓이는 재미있는 그림을 삽입했는데 반응이 좋았다.

이제 기계 설비 산업에서 그런포스를 모르는 고객은 거의 없다. 지금 이 순간에도 그런포스의 펌프는 123층 롯데월드타워를 비롯한 거의 모든 초고층 빌딩과 고층 아파트, 각종 산업현장의 공장 그리고 홍수 조절 펌프장과 오폐수 처리장에서 고객을 위하여 열심히 가동되고 있다.

벤처 정신을
가진 대기업은
무엇이 다른가

"컴퓨터나 자동차가 없으면 생활이 불편합니다. 그러나 펌프가 없으면 인류는 생존 자체가 어려워집니다. 식수는 물론이고 모든 산업이 성장을 멈추기 때문입니다. 그래서 조물주가 만든 최고의 작품이 심장이라면, 인류가 만든 최고의 작품은 펌프입니다."

나는 항상 펌프 산업의 매력에 대해 이렇게 말한다. 펌프는 인류의 생존을 위한 근원적 자원인 물을 공급하고 처리하는 필수품이다. '생명의 근원인 물'을 이송하는 펌프는 대체재가 거의 없다. 그래서 펌프산업은 인류와 함께 가장 마지막 순간까지 남게 될 것이다.

사람들은 생활과 산업을 유지하고 움직이는 데 얼마나 많은 펌프를 사용하고 있는지 잘 모른다. 펌프가 없으면 당장 수돗물이 안 나오고, 샤워도 못하고, 냉난방을 돌릴 수도 없고, 오폐수도 처리할 수 없다. 고층 아파트와 초고층 빌딩에서 펌프가 작동하지 않는다면 어떤 일이 벌어질까? 그 결과는 상상조차 하고 싶지 않다. 이처럼 펌프가 멈추면 사회와 산업, 국가와 세계가 모두 멈추고 만다.

펌프산업은 인류의 역사와 함께해왔다

로마의 유적지에 가보면 엄청난 규모의 수로를 건설해서 수십 킬로미터 떨어진 곳에서 물을 공급하던 아치 형태의 구조물을 볼 수 있다. 펌프가 발명되기 전에는 사람이 인력으로 물을 길어 올렸고, 등지게를 지거나 머리에 물통을 이고 날랐다. 지금 이 순간에도 약 10억의 인구가 반나절이나 하루 종일 걸어서 한 통의 물을 길어 나른다. 이처럼 물을 얻기 위해서는 엄청난 투자와 노동력이 필요했다. 이러한 문제를 해결하기 위해 아르키메데스는 인류 최초로 수차의 원리를 응용하여 양수기를 만들었다. 한쪽 끝을 물에 담그고 비스듬하게 세워서 원통을 돌리면 나선형 굴대를 타고 물이 위로 올라온다. 아르키메데스의 이 수차가 현대적인 원심력 펌프의 시작이 되었다. 그 수차의 모양은 그런포스 그룹의 로고이기도 하다.

그런포스는 1945년에 출범했다. 하지만 유럽의 경쟁사들은 1840~1870년대에, 일본이나 미국에서는 1910~1920년대에 시작했다. 그렇다면 후발업체인 그런포스가 세계 펌프 시장의 선두주자로 빠르게 부상할 수 있었던 이유는 무엇일까? 바로 '벤처기업'이었기 때문이다. 그런포스는 첨단의 신기술과 아이디어를 개발하여 한 가지 사업에 집중하는 벤처기업처럼 펌프 한 분야를 집중적으로 연구하여 늘 새로운 기술과 디자인의 신제품과 솔루션을 개발했다.

예를 들어, 펌프는 통상 수평으로 설치하는데 그런포스는 세워서 설치하는 입식 펌프를 개발해 차별화를 이루었다. 또한 전자 부품 생산을 위한 자체 클린룸 시설을 갖춘 전자 공장도 보유하는 등 R&D를 통한 경쟁력을 확보함으로써 100년 넘는 역사를 가진 선발 업체들을 제치고 선두주자로 빠르게 부상할 수 있었다.

21세기의 펌프는 기본 기능을 다루는 기계공업 외에 전기, 전자 등 다양한 주변 학문과 기술이 접목되어 새로운 기능과 효율이 계속 추가되고 있다. 이전에는 펌프 엔지니어 대부분이 기계공학 전공자들이었으나 최근에는 소프트웨어와 전기, 전자 관련 전공자들의 수가 빠르게 증가하는 추세다. 그만큼 펌프가 다양한 기능과 효율을 발휘하고 있다는 뜻이다. 그런포스의 R&D 센터에는 석박사급 연구 인력이 700여 명이나 있고, 회사는 매년 매출의 6퍼센트를 연구개발비에 투자하고 있다.

'벤처 정신'으로 이룬 73년 연속 성장의 대기록

덴마크의 그런포스 그룹은 73년 동안 단 한 해를 제외하고 매년 성장해온 놀라운 기록을 갖고 있다. 2003년에는 유럽품질경영재단

EFQM이 수여하는 유럽품질대상을 수상했다. 이 상은 전사적 품질경영 활동으로 최고의 성과를 낸 기업에게 수여된다.

유럽품질경영재단은 그런포스의 '사업 우수성 모델Business Excellence Model'의 높은 성과에 최고 점수를 부여했다. 이 모델의 핵심 개념은 '상호 평가'이다. 그룹 본부와 자회사들이 프로세스, 제품, 전략 등 확인 가능한 모든 경영 요소들을 상호 평가하고, 우수한 것들을 벤치마킹한다. 덴마크 생산 공장의 경우 이 모델을 도입한 후 생산성이 무려 40퍼센트나 향상되었다.

이러한 혁신적 경영 방식은 현재의 성과에 안주하지 않고 늘 새로운 것을 개발하려는 창조정신이 기업 전체의 문화로 자리 잡았기 때문에 가능한 것이다. 이는 곧 벤처정신이라 할 수 있다. 회사의 규모가 커지고 성장세가 빨라진다고 해도 벤처 기업의 정신과 자세만큼은 잃어서는 안 된다. 벤처정신은 기업을 쉼 없이 뛰게 하는 심장이자, 산업의 원동력인 펌프와 같다. 그것을 잃는 순간 지속가능한 성장도 멈추고 말 것이다.

펌프아카데미와
에너지진단사업이
가져온 성과

1990년경 한국의 펌프 시장은 글로벌 스탠더드에 훨씬 못 미치는 수준에 머물러 있었다. 예를 들면 펌프 가격을 문의할 때 "그 펌프의 양정과 유량은 얼마인가요?"라고 정확한 기술 용어를 사용해서 묻는 대신 "10킬로와트짜리 펌프는 얼마입니까?"라고 묻는 식이었다. 이는 배기량으로 자동차 가격을 물어보는 격으로, 아주 부정확한 표현이다.

그래서 당시 한국그런포스펌프의 경쟁 상대는 동종업체가 아닌 펌프에 대해 전문적인 지식이 없는 소비자들이었다. 브랜드마다 다양한 성능과 품질, 가격대의 제품들을 출시해도 정작 소비자들은 그 차이를 제대로 인식하지 못했기 때문이다. 이러한 상황에서 신생기업이 고품질·고효율·고가격의 펌프로 국내 시장에 진입한다는 것은 상당히 어려운 일이었다.

하지만 낙담하지 않았다. 오히려 낙후된 시장 상황이 더 큰 포부를 갖게 해주었다. 나는 '우리나라 펌프 산업의 수준을 10년이 걸리든 20년이 걸리든 반드시 로컬 스탠더드에서 글로벌 스탠더드로 올려놓고 말겠다'는 당찬 결심을 했다. 그 해결책의 일환으로 구상해낸 것이 '한국그런포스펌프아카데미Grundfos Pump Academy Korea : GPAK'이다.

끊임없이 연구하고 고민하는 한국그런포스만의 기업문화

펌프아카데미 설립의 목표는 단 한 가지였다. 우리나라의 기계 및 전기 엔지니어가 모두 펌프아카데미에서 '글로벌 스탠더드 수준의 기술 교육 훈련을 이수하도록 하는 것'이었다. 매년 전국의 건설과 생산 현장, 고객사의 사무실, 각 지역 대형 전시장 등을 다니며 '그랜드 로드 투어Grand Road Tour'라는 개념으로 펌프아카데미 교육 훈련을 실시했다. 뿐만 아니라 엔지니어를 초대해 한국그런포스의 본사나 공장의 세미나 룸에서 교육하기도 했다.

펌프아카데미의 목적은 크게 두 가지다. 첫째는 펌프 및 펌프 시스템에 대한 기술 교육을 통하여 우리나라의 에너지 절감에 획기적으로 기여하는 것이다. 둘째는 고품질, 고효율 펌프를 통하여 극대화된 고객 가치를 창출하는 원동력을 만드는 것이다. 아카데미 개설 이래 총 2만 3,479명의 엔지니어가 펌프 마스터 과정을 이수했다.

또한 그런포스 그룹 차원에서 이 비즈니스 모델을 성공 사례로 소개해 여러 나라에서 벤치마킹했다.

한국그런포스 그룹만의 독창적 경영 활동은 펌프아카데미에 그치지 않았다. 거의 비슷한 시기에 시작한 '에너지진단사업Pump Audit'도 놀라운 성과를 이루었다. 에너지진단사업은 오랫동안 시장을 관찰하면서 고객과 사회를 위하여 무엇을 더 잘할 수 있을까를 고민해온 한국그런포스의 영업마인드가 만들어낸 서비스 기법이다.

모든 산업계에는 '안전율Safety Factor'이라는 개념이 있다. 기계나 설비 등을 설계할 때는 미리 어느 정도의 안전율을 추가하여 설계 또는 설치한다. 재료나 제조 공정에서 생기는 품질의 불균일, 사용 중 마모나 부식 때문에 생길 수 있는 기계설비의 신뢰도에 대한 불안에 대비하기 위해서다. 펌프도 안전율을 적용하여 꼭 필요한 유량과 양정보다 넉넉하게 설계한다. 그로 인해 낭비되는 에너지가 아깝기는 하지만 일단 문제가 생기지 않도록 안전율을 최대한 추가하는 것이 산업계의 관행이다.

전 세계로 역수출된 한국그런포스펌프의 에너지진단사업

에너지진단사업을 시작한 후 놀랄 만한 결과가 속출했다. 가령 P사 사원아파트의 경우 에너지 진단 후 사용량이 무려 98퍼센트나 감소하는 현상이 나타났다. 어떤 펌프든 장기간 사용하면 효율이 조금

씩 떨어진다. 효율이 떨어지는 만큼 에너지는 좀 더 소비된다. 그렇다고 해도 이런 엄청난 절약 수치가 나오는 이유는 터무니없이 높게 책정된 안전율 때문이다. 산업계 전체, 아니 온 나라가 이런 식으로 에너지를 펑펑 낭비하고 있었던 것이다.

에너지 효율이 낮은 펌프 메이커는 에너지진단사업을 하고 싶어도 할 수가 없다. 또한 에너지 효율이 높은 펌프 메이커라 해도 이 서비스는 쉽게 할 수 없다. 왜냐하면 산업 시설의 경우, 공장의 가동이 멈추는 야간이나 주말 또는 연휴 기간 중에 진단을 실시하는 일이 많기 때문이다. 이런 이유로, 진단팀의 헌신적인 팀워크가 무엇보다 필요하다.

한국그런포스펌프는 그동안 총 1,235회(2015년 1월 기준)의 에너지 진단을 실시했고 괄목할 만한 성과를 이루었다. 급기야 그런포스 그룹 본부가 이를 역수입했다. 지금은 오스트리아, 인도, 중국 등 전 세계 26개국 그런포스 자회사들이 이 서비스를 실시하고 있다. 그 결과로 그런포스는 지구촌 전체의 에너지 절감과 환경보호에 기여하고 있는 것이다.

한국그런포스펌프가 '대통령 표창 및 은탑 산업훈장(에너지 절약 유공자)'을 수상할 수 있었던 근간에는 펌프아카데미와 에너지진단 사업의 공이 컸다. 한 기업이 10여 년간 줄곧 실천해온 범국가적 에너지 절감 노력이 국가로부터 인정받은 것이다.

이는 한국그런포스만의 독자적 노력을 통해 얻은 경영 성과이자 자부심이다. 시장과 경쟁업체들의 뒤를 쫓는 대신 소비자들과 기술자들의 안목을 높이는 교육과 에너지 효율을 높이는 캠페인에 투자한 결과이다. 이런 전략을 통한 승부는 지속가능한 성장의 든든한 디딤돌이 되어주었다.

NG의 경험으로
맷집을
키워라

사람은 누구나 살면서 많은 'NG'를 경험한다. 기업을 경영하는 CEO도 수많은 선택의 기로에서 순간의 잘못된 판단으로 돌이킬 수 없는 실수를 한다. 하지만 그 좋지 않은 경험은 훗날 더 나은 판단과 선택을 위한 귀중한 경험이 된다.

나에게도 평생 잊지 못할 인생의 NG가 있다. 그중 가장 기억에 남는 위기의 순간은 육군사관학교 시절의 이야기다. 당시 나는 3학년 학기말의 사관생도로서는 가장 명예로운 최고 지휘생도인 여단장 생도가 되었다. 그것도 편제가 바뀌어 역사상 최초였으니, 여단장 생도로서 첫 번째 공식 행사인 하기식 지휘가 얼마나 영예로운 일이었겠는가.

육사 시절 가장 영예로운 순간에 경험한 NG

화랑 연병장에서 매주 월요일 저녁 거행되는 하기식은 아주 웅장하고 멋진 행사이다. 전면의 화랑대 단상에 교장님을 임석 상관으로, 그리고 모든 교수 및 훈육관을 모시고 연병장에는 내가 여단장 생도로서 맨 앞에 섰다. 그리고 나의 뒤에는 여단 참모들이 서고 그 뒤에는 전 생도들이 연대, 대대, 중대별로 정렬했다. 이후 모든 사관생도를 지휘하여 부대를 단상 반대쪽에 있는 국기를 향하여 '뒤로 돌아'를 시켰다. 그리고 하기식이 거행된 후 뒤로 돌아서서 정면을 향했다. 그런데 이게 웬일인가.

화랑대 단상에서 교장님의 뒤에 서 있던 훈육관과 교수님들이 손을 들어서 신호를 하고 난리가 났다. 나는 무슨 영문인지 몰라서 순간 어리둥절했는데 옆의 참모들이 조그만 소리로 "뒤로 돌아, 뒤로 돌아" 하는 게 아닌가. 그 순간, 나만 뒤로 돌고 부대를 뒤로 돌리지 않았다는 걸 깨달았다. 지휘생도는 부대를 뒤로 돌리고 나서 마지막으로 돌아야 하는데 나만 혼자서 뒤로 돈 것이다. 당황한 기색이 역력했지만 얼른 부대를 뒤로 돌리고 행사를 무사히 마쳤다.

행사가 끝난 후 학교에서는 훈육관 회의가 열렸다. "국내외 국가원수들을 모시고 행사를 지휘해야 하는 여단장 생도가 그렇게 간이 작아서야 되겠습니까. 추후에도 실수를 할 수 있으니 교체해야 합니다." "첫 실수이니 한 번만 더 기회를 주고 다시 실수할 경우에는 교체합시다."

회의에서는 행사 실수의 책임을 물어 여단장 생도를 교체할 것인가에 대한 의견이 분분했다. 하지만 다행히도 나는 한 번의 기회를 더 얻었다.

이후에는 육사 역사상 드물게 여단장 생도로서 1년이 넘는 기간 동안 큰 실수 없이 임무를 수행하고 명예롭게 대표화랑상도 수상해 '100년 탑'에 이름을 올리며 졸업했다. 그 영광은 초기에 큰 NG를 경험한 덕분이라고 나는 생각한다. 그날의 실수 이후 항상 사전에 몇 번씩 점검하고 사후에도 과정을 복기해서 철저히 대비하는 습관을 갖게 되었다. 이는 오랜 기간 동안 국내 기업과 글로벌 기업의 CEO 책무를 수행하는 데 중요한 밑거름이 되었다.

최악의 NG는 실패할 때가 아니라, 포기하는 순간이다

기업을 경영하는 CEO 자리에서도 여러 번의 아찔한 NG를 경험했다.

국내 홍수 조절 및 오폐수 펌프 전문기업인 금정공업을 M&A한 후의 일이다. 당시 국내 기술로 어느 정도 제품의 품질을 보완했다고 판단해서 그런포스 그룹의 세계적인 네트워크를 통해 수출을 시도했다. 특히 러시아에 많이 수출했는데 열악한 품질 때문에 클레임이 나오기 시작했다.

러시아 측 사장과 만나 클레임을 해결하는 담판을 지으며 진땀을

흘렸다. 당시에는 상당한 곤경을 치렀지만 그 위기는 훗날 내실을 다지는 계기가 되어주었다. 이후 덴마크 기술자를 국내로 초빙하여 모든 시스템을 전면적으로 혁신해서 품질을 끌어올렸고, 현재는 최고 수준의 제품을 수출하고 있다.

뉴욕 현지법인장 시절에는 직원의 실수로 회사가 거의 부도날 정도로 극한의 위기를 겪었다. IMF 외환위기 시절에는 회사의 매출이 절반 가까이 떨어지는 어려움에 처하기도 했다. 어디 그뿐이겠는가. 경영상의 문제나 사람들과의 문제로 밤잠을 이루지 못한 나날이 허다했다. 하지만 그 힘들고 고통스러운 시간을 견디고 극복하는 과정에서 얻은 경험과 지혜가 없었다면, 오늘날 37년째 기업을 경영하는 장수 CEO가 되지 못했을 것이다.

실패가 두려워서 주춤거리거나 현실에 안주해서는 안 된다. 실패란 더 나은 미래를 위해 용기를 내서 도전했다는 의미다. 아무런 시도도 하지 않으면 아무런 일도 일어나지 않지만, NG가 날 때 정면으로 맞서 이겨내고 맷집을 키우면 한 단계 더 도약하게 된다. CEO는 위기를 겪어야만 훌륭한 경영 성과를 올리면서 진정한 리더의 길을 걸어갈 수 있다.

일자리를
창출하는 기업이
된다는 것

"기업의 존재 이유는 무엇일까?"

CEO라면 누구나 고민하는 화두이다. 나는 가장 중요한 존재 이유로 '일자리 창출'을 꼽는다. 그것과 관련해서 전제되어야 할 것이 바로 투자이다. 국제 직접투자는 두 가지 경우가 있다. 우선 우리나라에서 창업하고 성장해서 글로벌 무대로 진출해 투자하는 '해외 직접투자Outward Foreign Direct Investment'가 있고, 두 번째로는 외국 자본을 우리나라에 끌어들이는 '외국인 직접투자 Inward Foreign Direct Investment'가 있다.

나는 글로벌 기업의 한국 CEO로서 후자를 중요하게 생각한다. 세계적인 글로벌 기업들이 한국에 직접투자를 해서 생산 공장을 건립하여 선진 기술을 이양시키고, 새로운 일자리를 창출하도록 하는 것이 글로벌 기업 CEO의 사명이라고 생각하기 때문이다. 그 좋은 일례로 중국의 쑤저우(蘇州) 공단을 들 수 있다.

쑤저우 공단의 투자 유치 전략은 중국 경제 성장의 원동력

싱가포르 정부와 함께 조성한 쑤저우 공단은 규모가 거대할 뿐 아니라, 전 세계 어디서도 보기 드문 깨끗하고 조경이 아름다운 공단으로 조성되어 있다. 주변의 아파트는 우리나라 최고의 아파트 단지와 비교해서 전혀 손색이 없을 정도로 멋지다. 무엇보다 세계적인 기업들이 대규모 투자를 해서 끝이 안 보일 정도의 거대한 공단이 펼쳐져 있다.

쑤저우 공단에 갈 때마다 중국 생산 공장의 시설과 기술 및 품질의 발전 그리고 일자리의 창출을 보며 쇠망치로 머리를 맞는 것 같은 충격을 받는다. 그래서 주변의 경영자들이나 고위 공직자들을 만나면 꼭 쑤저우 공단을 방문해보라고 권유한다. 오늘날 중국의 눈부신 성장에는 글로벌 기업의 직접투자에 의한 자본 유입과 기술 이전 및 일자리 창출이 큰 역할을 했다고 생각한다.

《손자병법》 2편 〈작전편〉에는 이런 구절이 있다.

고지장무식어적(故智將務食於敵)

식적일종(食敵一鐘) 당오이십종(當吾二十鐘)

기한일석(萁秆一石) 당오이십석(當吾二十石)

해석하면 다음과 같은 뜻이다.

지혜로운 장군은 적군에게서 식량을 조달하려고 힘쓴다. 적군에게서 빼앗은 식량 1종을 먹는 것은 본국에서 20종을 보급받는 것에 해당한다. 적의 사료 1석을 취하는 것은 본국에서 사료 20석을 보급받는 것과 맞먹는다.

손자는 전쟁시 식량은 상대편에게서 탈취하여 쓰라고 가르치고 있다. 본국에서 물자를 수송해올 필요가 없을 뿐 아니라 적의 전력을 약화시키는 효과까지 노린 전술이다. 이는 경영에 있어서도 아주 중요한 전략이 될 수 있다. 우리나라와 같이 천연자원이 부족하고 해외 의존도가 높은 나라는 어떻게 해서든지 글로벌 무대에서 양질의 투자 자본과 기술 그리고 필요한 자원을 지혜롭게 조달해와야 한다.

해외 직접투자 유치를 통한 일자리 창출에 답이 있다

1990년 회사가 문을 열고 첫 번째 이사회가 도쿄에서 열렸다. 그때 나는 한국에 생산 공장을 설립하자고 제안했다. 하지만 이사진

Board of Directors은 난색을 표하며 다른 의견을 제시했다. 몇 년 동안은 제품을 수입해서 사업을 운영하며 상황을 지켜본 후 공장을 짓자는 게 그들 생각이었다.

나는 물러서지 않고 강력하게 소신을 밝혔다. "생산 공장 없이는 무역상이나 오퍼상과 다를 바 없습니다. 게다가 언제 떠날지 모르는 외국 회사에 우수한 인재가 들어와 일하려고 할까요? 영업을 위한 사무실만으로 사업을 하는 것은 나의 소신과 방향이 다르므로 공장을 건설하지 않으려면 다른 CEO를 뽑아서 사업을 하는 것이 좋겠습니다."

결국 나의 의견은 받아들여졌고 일단 공장 부지를 구입하기로 합의했다. 그 후 충북 음성의 대소공단에 1차 생산 공장을 건설하고, 세 차례에 걸친 증축을 통해서 제대로 된 공장을 갖게 되었다. 그리고 청석펌프와 금정공업의 M&A를 통해서 경기도 시화공단과 광주광역시 평동공단에 공장 2개가 추가되어 한국에 3개사 3개 공장이 마련되었다. 생산 공장의 확보는 한국그런포스펌프 성공의 핵심 요인이 되었다. 양질의 외국인 직접투자Inward FDI를 유치하고, 최고의 선진 기술을 이전했으며 앞서가는 경영기법도 많이 습득할 수 있었다. 그리고 M&A를 통한 한국 기업의 인수는 우리나라에서 생산된 제품을 그런포스 그룹의 글로벌 판매망을 통하여 전 세계로 수출하는 발판을 마련해주었다. 이는 단 한 푼의 자체 자본 없이 기업을 일으켜 많은 일자리를 창출한 놀라운 결과이다.

외국인의 직접투자는 우리나라 자체에서 조달하는 투자에 비해 수십 배의 효과를 얻을 수 있다. 그러나 안타깝게도 글로벌 기업들의 한국 투자를 성사시키는 일은 쉽지 않다. 글로벌 기업들은 동일한 투자 금액으로 중국이나 베트남에 투자하면 몇 배로 큰 규모의 생산 공장 건립이 가능하고, 노동의 유연성 또한 상대적으로 좋다고 판단하고 있다. 그렇기 때문에 오늘날의 CEO는 해외 직접투자의 유치를 위하여 글로벌 무대에서도 통하는 협상력과 리더십을 갖추기 위해 더 많은 노력을 해야 한다. 경영의 최전선에서 기업뿐 아니라 나라를 대표하는 중요한 임무를 맡고 있기 때문이다.

자신이
바로 선 뒤에야
진정한 리더가 된다

최근 우리는 그 어느 때보다 진정성 있는 리더의 등장에 목말라 있다. 과연 이 시대에는 누가 진정한 리더이며, 리더는 기업과 사회에 어떤 영향력을 미치는 것일까?

메드트로닉Medtronic의 전 CEO이자 《진실의 리더십Authentic Leadership》의 저자인 빌 조지는 "기업 활동이나 정치의 부조리와 같은 어지러운 사회현상을 타개하기 위해서는 단지 새로운 법이 필요한 것이 아니라 새로운 리더가 필요할 뿐이다"라고 말했다. 이처럼 리더의 역할은 막중하다.

진정성 있는 리더가 갖추어야 할 덕목

스위스 로잔에 있는 국제경영개발대학원IMD에서 빌 조지의 '진정성 리더십'에 관한 강의를 직접 들은 적이 있다. 그는 "기업은 재무 중심으로 운영되기보다는 기업이념에 의한 진정성 있는 리더십이 발휘될 때 훨씬 더 큰 성공을 이룰 수 있다"라고 강조했다. 이는 빌 조지가 메드트로닉에서 10년 동안 뛰어난 리더십을 발휘해 기업의 시장 가치를 10억 달러에서 600억 달러(연평균 35퍼센트씩 신장)까지 성장시킨 경험에서 비롯된 경영철학이다.

그는 진정성 있는 리더가 갖추어야 할 본질적인 규범으로 '목적(이념), 가치관, 열정, 관계 그리고 자기 절제 능력'을 제시하면서 강연 중에 이런 질문을 했다. "만일 나의 개인적인 인생관과 회사의 사업 가치가 충돌한다면 어떻게 해야 할까요? 고객과 종업원 그리고 주주의 욕구는 어떻게 균형을 맞추어야 할까요?"

나는 빌 조지의 강의를 듣고 질의응답하면서 진정한 리더는 '자신의 내적 갈등을 극복하고, 진정성을 바탕으로 주변을 설득할 수 있는 사람'이라고 정의해보았다. 그리고 다섯 가지 조건 중 '가치관'이야말로 진정성 있는 리더의 전제조건이 아닐까 생각했다. 어떤 가치관을 갖고 있느냐에 따라 CEO의 열정과 능력, 경영의 성과가 미치는 사회적·국가적 영향력이 달라지기 때문이다.

뉴욕 맨해튼에서 북서쪽에 위치한 조지 워싱턴 다리를 건너 북쪽으로 한 시간 정도 차로 달리다 보면, 허드슨 강 절벽 위에 미국 육군사관학교인 웨스트포인트가 웅장하게 자리 잡고 있다. 웨스트포인트의 교훈은 '명예Honor, 책무Duty, 조국Country'이다. 이곳을 방문했을 때 웨스트포인트의 교훈을 인용한 맥아더 장군의 명연설이 떠올랐다.

1962년 5월, 맥아더 장군이 웨스트포인트에서 한 연설은 양차 세계 대전에 참전하고 한국 전쟁에도 깊이 관여했던 노(老)장군이 미래의 국가 지도자가 될 젊은 세대들을 대상으로 한 귀감이 될 만한 감동적인 연설이었다. 그의 연설 일부를 발췌해본다.

"'명예, 책무, 조국' 바로 이 숭고한 세 단어는 젊은이들의 미래를 가리키고 있습니다. 이 세 단어는 용기가 꺾이려 할 때 용기를 북돋아주고, 자신의 믿음이 약해지려 할 때 신념을 되찾게 해주며, 희망이 사라지려 할 때 희망의 불꽃을 되살려주는 계기가 됩니다. 여러분의 근본 품성은 바로 이 가치들로 인해 형성됩니다."

'명예, 책무, 조국'을 지키는 자가 진정한 리더다

최근 우리나라는 주변 국가의 정치적 상황 변화와 글로벌 경제 위기에 직면해 있다. 시대가 혼란스럽고 경제가 어려울수록 사람들은 올바른 방향을 제시하고 타의 모범이 되는 리더를 필요로 한다. 그래서 '명예, 책무, 조국'을 강조한 웨스트포인트의 교훈과 맥아더 장군의 연설이 우리에게 시사하는 점은 결코 가볍지 않다.

리더는 '명예로운 삶'을 살아야 한다. 확고한 국가관이나 자기 철학의 완성 없이 명예롭지 못한 삶을 살아온 사람들이 국가나 기업 경영의 중책을 맡아서는 안 될 것이다. 또한 병역과 납세의 의무 같은 국민으로서의 기본 '책무'를 성실히 이행해야만 한다. 기본 책무를 수행하지 못한 정치가가 어떻게 국민의 재산과 안위를 보호하고, 치열한 국제 경쟁 사회에서 국가의 발전과 번영을 추구할 수 있겠는가. 국가의 리더는 '조국'을 위하여 헌신하고, 국민으로서 '책무'를 다하며, 국가와 사회의 '명예'를 높이는 사람이다.

기업의 경영자도 마찬가지다. 자기 한 몸, 자신의 가족이 누리는 경제적 영예로움에 집착하는 경영자는 진정한 리더의 자격이 없다. 리더는 사회와 인류를 위해 가치 있는 사업을 수행하고, 기업이 창출한 결실로 기업과 사회의 미래에 기여하는 사람이다. 이러한 확고한 신념과 남다른 소명의식 없이는 치열한 비즈니스 세계에서 진정한 승자가 되지 못할 것이다.

셰익스피어의 작품 《헨리4세 Henry IV》에는 "왕관을 쓰려는 자, 그 무게를 견뎌라"라는 대사가 나온다. 리더의 자격과 책임에 대해 다시 생각해볼 때다.

지속가능한 지구를 목표로 한 지속가능한 기업

2018년 여름은 역사에 남을 만큼 유난히도 더웠다. 글로벌 온난화의 우려가 현실로 닥쳐온 것이다. 그렇다면 인류는 지구온난화에 대비하여 어떤 대안을 갖고 있는가? 과연 대안을 실천할 의지와 방안은 있는 걸까?

온난화의 주원인은 석탄, 석유 등 화석연료의 과도한 사용에 있다. 화석연료를 사용할 때 나오는 이산화탄소가 지구를 감싸면서 지구 온도가 올라가고 있다.

지구온난화는 해를 거듭할수록 심각해지고 있지만 근본적으로 막을 해법은 아직 없다. 단, 속도를 늦출 방법은 있다. 에너지 소비량을 줄임으로써 이산화탄소의 배출량을 줄이는 것이다. 물론 이것은 지구온난화를 억제하기 위한 최상의 방법은 아니다. 하지만 당장 실천할 수 있는 최선의 방법 중 하나다. 이는 어느 한 국가나 기업, 개인의 문제가 아닌 지구촌 공동의 이슈다.

기업보다 지구환경이 우선이다

그런포스는 지구온난화를 막기 위해 애쓰는 대표적인 기업이다. 새로 출시하는 제품은 이유를 불문하고 이전 모델에 비해 '에너지 효율은 최소 5퍼센트 이상 높이고, 재료는 3퍼센트 이상 절감한다'는 조건을 반드시 충족시켜야 한다. 비용절감은 그 다음 문제이다. 가격보다는 에너지 소비와 이산화탄소 배출을 줄이는 효율성을 더 우선시한다.

그런 의미에서 환경을 생각하는 그런포스의 제품 개발 기준은 타사의 귀감이 될 만하다. 일례로 순환펌프 'Alpha2(2007년 출시)'는 이전 모델들과 비교해 에너지 소비율이 20퍼센트에 불과하다. 다른 순환펌프들은 설치하면 24시간 내내 쉬지 않고 가동되지만 이 신제품은 스스로 환경의 변화를 감지하여 필요할 때 필요한 양만큼만 가동된다.

'SQFlex(2009년 출시)'는 약간의 일조량 또는 바람이 지원되면 전력은 전혀 필요 없다. 당연히 온실가스 배출은 '0'이다. 호주의 농장들과 스페인의 와이너리, 남아공 등의 오지에서 실용화되었다. 아프리카에서는 '가뭄 해결사'로도 활용되고 있다. 그 외에

'NoNOx(2010년 출시)'는 덴마크 EU 환경상Danish European Business Award for the Environment을 수상했다. 이 제품은 코펜하겐, 런던, 로테르담, 로스앤젤레스 등의 도시형 버스에 장착되어 도시 공해의 주범인 질소산화물NOx 배출량을 줄이는 데 일조하고 있다.

이처럼 그런포스 기업 활동의 전제 조건은 '환경'이다. 어떤 제품과 부품을 개발, 생산하든 환경을 먼저 생각한다. 모든 부품의 소재는 펌프가 수명을 다 하고 폐기될 때 현재 존속하는 기술로 해결할 수 없는 부분을 제외하고 99퍼센트 이상 재활용이 가능한 재질로만 설계된다. 친환경 정책에 있어서는 어떤 타협이나 융통성도 거부한다. 제품 생산뿐 아니라 직원들의 근무환경도 친환경적이다.

지속가능한 지구를 위한 그런포스의 경영철학, 결실을 맺다

그런포스는 2003년 〈포춘〉의 '유럽에서 가장 일하기 좋은 10대 기업' 선정과 '유럽품질대상' 수상에 이어, 2007년 〈포브스〉의 '세계에서 가장 존경받는 기업'에 선정되었다. 이런 결과는 수상 자체도 의미가 있지만 세계 환경에 기여하는 그런포스의 철학과 가치관에 대한 격려와 보상이라는 측면에서 더 큰 의의가 있다.

2013년부터 유럽연합EU에서는 에너지효율 A등급의 순환펌프만 판매할 수 있다. A등급 펌프는 일반 정속 펌프 대비 최대 80퍼센트까지 에너지가 절약된다. 그런포스 등 유럽의 리딩 펌프 메이커들이

EU위원회에 제안한 '펌프 에너지 레이블링' 법안이 발효되었기 때문이다.

이는 경쟁사의 제품보다 가격이 비싸다는 고객의 불평을 감수하면서도 고효율 친환경 펌프의 솔루션 개발에 몰두해온 그런포스에게는 유리한 기업 환경이다. 그러나 이를 결코 행운이라고만 할 수는 없다. 올곧게 기업철학을 지켜낸 뚝심이 만들어낸 성과, 즉 누구보다 앞장서서 '지속가능한 지구, 지속가능한 기업'을 실천해온 아름다운 기업 이념이 일군 당연한 결실이기 때문이다.

직원들 역시 그런포스의 '지속가능한 지구, 지속가능한 기업'의 철학과 이념에 전적으로 공감하고 남다른 자부심을 갖고 있다. 그렇기 때문에 그런포스에서는 '업무의 효율성은 일정 기간이 지나면 근무기간에 반비례한다'는 통설이 해당되지 않는다.

인류와 공명하는
그런포스의
경영철학과 문화

2014년 9월 3일, 이태리 밀라노에서 열린 전 세계 그런포스 사장단 회의에 참석했다. 그 자리에서 나는 그런포스 코리아 그룹 회장, 그런포스 타이완 회장, 그런포스 일본 보드멤버로서 25년 동안 활동해온 것에 대한 고별 스피치를 했다.

한국그런포스펌프의 대표로서 나의 마지막 인사를 끝내자 회의장엔 기립 박수가 길게 이어졌다. 그룹 CEO를 비롯한 참석자 모두가 그런포스 그룹 역사상 최장기로 CEO를 역임한 이에게 깊은 존경과 감사의 마음을 전해준 것이다. 평생 잊지 못할 감동적인 순간이었다.

그런포스와 같이 고유하고 책임 있는 기업철학과 문화를 가진 아름다운 조직에서 일하면서 미래를 상상하는 일은 더없이 유쾌하다. 나는 이런 기업이야말로 위대한 기업이라고 자부한다.

조직원뿐 아니라 인류와 함께 공감할 문화를 가진 기업

위대한 기업은 진정성 있는 경영이념과 가치관으로부터 탄생된다. 분야를 막론하고 세계 일류 기업들은 한결 같은 경영이념과 가치관을 갖고 있다. 그런포스만큼이나 확고한 경영이념으로 세계적인 기업이 된 회사가 있다. 1649년에 창립해서 무려 369년의 역사를 지닌 핀란드의 가장 오래된 기업 피스카스Fiskars 그룹이다.

피스카스 그룹은 원예와 농기구 전문 회사로 출발해 오렌지색 손잡이의 작은 가정용 가위로 세계적인 기업으로 도약하였으며, 현재는 핀란드를 넘어 북유럽 대표 브랜드인 이딸라Iittala 그룹, 로열 코펜하겐Royal Copenhagen, 웨지우드Wedgwood 등을 소유한 대기업으로 성장했다. 피스카스 그룹의 비전은 '인류를 위한 삶의 질에 긍정적이고 지속적인 영향을 창출하는 것Creating a positive, lasting impact on our quality of life'이다. 오랜 역사 동안 이런 비전을 실천하면서 성장을 멈추지 않고 있다.

그런포스 그룹의 미션은 무엇일까? '고품질의 펌프 및 펌프 솔루션을 연구개발, 생산 및 판매하여 인류를 위하여 삶의 질을 향상시키고 지구의 건강한 환경보전에 기여한다'이다. 나는 그런포스 그룹의 글로벌 CEO가 되는 사람에게 가장 중요한 책무는, 이 목표와 가치를 전 세계에서 근무하는 임직원들과 공유하는 일이라고 생각한다. 같은 목표와 가치를 공유하는 조직을 이길 상대는 없기 때문이다.

글로벌 기업 그런포스가 가진 화합의 조직문화

그런포스가 위치해 있는 덴마크의 비에링브로 시에는 그런포스 그룹 창업자의 이름을 딴 '폴 듀 옌슨 스트리트'와 최근 75세의 나이로 은퇴한 2세 회장의 이름을 딴 '닐스 듀 옌슨 광장'이 있다. 그런포스 그룹 창업자 가족에 대한 시민들의 존경심을 엿볼 수 있는 대목이다.

그런포스는 73년의 기업 역사 중 단 한 해만을 제외한 72년 간 연속 성장하면서 세계 그 어떤 기업도 달성하기 어려운 '신화'를 써나가고 있다. 이처럼 남다른 위업을 달성할 수 있었던 배경에는 직원들을 하나로 아우르는 그런포스만의 경영철학을 바탕으로 한 기업문화가 있기 때문이다. '그런포스올림픽'도 그 문화 중 하나다.

1989년에 시작해서 4년마다 열리는 그런포스올림픽은 덴마크에서도 즐거운 기업문화의 대표적 명물로 자리 잡았다. 전 세계 56개국 1,000여 명의 선수가 참가하여 총 23개 종목에서 갈고 닦은 솜씨와 투지를 발휘한다. 선수들은 올림픽 기간 동안 덴마크 그런포스 임직원들의 집에서 각각 숙식하면서 그런포스의 가치를 공유하고 우정을 도모한다. 마지막 공식 행사인 '갈라 디너'에서는 전 세계에서 참여한 그런포스 직원들이 각국의 문화를 소개한다. 한국 팀은 태권도 시범으로 한국의 문화와 정신을 멋지게 소개해서 큰 박수를 받았다.

그런포스올림픽의 뜨거운 열기는 세계 각국 임직원들의 그런포스 그룹에 대한 자부심에서 비롯된 것이다. 지속가능한 기업과 인류를 위한 그런포스만의 경영철학은 임직원들의 업무환경과 개개인의 비전에도 고스란히 적용되고 있다. 이런 특유의 문화로 하나 된 조직을 이루고 있기에 그런포스의 놀라운 성장세는 앞으로도 멈추지 않을 것이다.

리더가
'반드시 해야 할 일'과
'절대로 해서는 안 될 일'

한국그런포스펌프의 CEO로 일하는 기쁨 중 하나는 행복지수가 높은 덴마크 사람들의 태도와 삶의 가치를 공유하는 것이었다. 그들과 30년 동안 교류하면서 깊이 느낀 점이 있다. 덴마크를 포함한 스칸디나비아 사람들은 반드시 해야 할 일과 절대로 해서는 안 되는 일이 경영 활동뿐 아니라 일상생활에서도 잘 자리 잡고 있다는 것이다. 덕분에 나도 인생과 경영에 있어 '반드시 해야 할 일'과 '절대로 해서는 안 되는 일'이 무엇인지 곰곰이 생각해보곤 한다.

개인으로나 기업의 리더로서 해야 할 일과 하지 말아야 할 일을 구분하는 것은 매우 중요하다. 특히 사회에 선한 영향력을 미치는 리더나 기업이 되기 위해서는 이 구분이 더욱 중요할 것이다.

인생의 덕목과 금기에 관하여

미국에서 아들의 외국인 친구들과 점심을 먹다가 문득 '반드시 해야 할 일'과 '절대로 해서는 안 되는 일'을 영어로 어떻게 표현하는지 궁금해서 물어봤다. 아들 친구의 말에 따르면 '기본 덕목Cardinal Virtues'과 '7대 죄악Cardinal Sins'이라고 한다. 사전을 찾아보니 '기본 덕목'은 인간이 지녀야 할 덕목 중 '정의, 신중함, 절제, 인내'가 포함되어 있었다. '7대 죄악'은 '자만, 탐욕, 분노, 호색, 질투, 폭식, 나태'로 정의되어 있으며 요즈음은 관용 문구로 사용되고 있다.

누구나 자신만의 덕목과 죄악이 있다. 나는 주변 사람들과, 지인, 그리고 회사 임직원들이 '반드시 해야 할 일'과 '절대로 해서는 안 되는 일'에 대해 어떤 생각을 갖고 있는지 몹시 궁금했다. 그래서 자유롭게 이야기할 수 있도록 브레인스토밍을 통해 각자의 의견을 들어보았다. 역시나 다양한 답변이 쏟아졌다. 반드시 해야 할 일로는 '희망, 의리, 신뢰, 배려, 인내, 꿈, 비전, 목표의식, 공부, 건강, 사랑, 행복, 자기계발 그리고 정의'를, 반면 절대로 해서는 안 되는 일로는 '범죄, 배신, 나태, 자만, 거만, 질투, 분노, 마약, 거짓말, 도박, 과욕, 시기, 게으름, 후회, 모함, 무관심' 등이 거론됐다.

내가 생각하는 꼭 해야 할 덕목은 '꿈, 건강, 평생학습, 봉사'이다. 첫째, 꿈은 희망과 도전정신을 키워주는 삶의 원동력이다. 꿈이 있는 사람은 긍정의 힘으로 자신과 주위에 희망과 비전을 줄 수 있다. 둘째는 건강이다. 사람은 누구나 육체적·정신적으로 건강해야만 건

전한 판단력을 가질 수 있고, 도전을 통해 행복한 결실을 맺을 수 있다. 셋째는 평생학습이다. 지속적으로 배우고 깨달음을 얻는 사람은 인생 최고의 기쁨과 즐거움을 느끼며 자기 발전을 이룰 수 있다. 마지막은 봉사로, 이를 통해 자신이 가진 재능이나 축적된 능력과 경험을 사회에 환원해서 동반성장할 수 있다.

반면에 하지 말아야 할 것은 '거짓, 나태, 과욕, 범법'이다. 첫째, 거짓은 자기 자신과 나아가 주위를 불행하게 만들며 작은 불행을 더욱 크게 만든다. 둘째, 나태는 자신뿐 아니라 주위 사람들도 힘들게 만든다. 역사상 게으른 개인이나 국민의 국가가 성공한 사례는 없다. 셋째, 과욕은 채워지지 않는 허영으로 방황하는 일생을 살게 한다. 평생 불행한 삶을 살게 되는 것이다. 마지막으로, 범법은 사회 질서를 파괴해 공동체의 힘을 약화시키고 사회나 국가의 역사를 후퇴시킬 수 있다.

리더가 절대 해서는 안 되는 것

그렇다면 경영자의 금기는 무엇일까? 경영자는 임직원들과 한 약속을 절대로 어겨서는 안 된다. 조직의 최고 책임자가 부하와 한 약속을 지키지 않으면, 그 리더는 신뢰를 잃는다. 신뢰하지 못하는 리더를 진심으로 따르거나 존경하기란 어려운 법이다. 상호 신뢰와 존중의 마음이 희석되면, 궁극적으로는 조직에 불행한 결과를 초래할 수도 있다. 무엇보다 자기 회사 사람들과 한 약속도 지키지 못하는 경영자가 사회와 국가를 위해 공헌하리라는 것을 누가 믿을 수 있겠는가.

《논어》의 〈위령공편〉에도 금기에 관한 가르침이 있다. 공자는 "자신이 원하지 않으면 다른 사람에게도 하게 해서는 안 된다(己所不欲 勿施於人, 기소불욕물시어인)"고 말했다. 이는 공자가 주장한 유교의 기본정신인 '인(仁)'을 실천하는 대표적인 방법이다. 내가 하고 싶지 않은 일을 남에게 하도록 해서는 안 된다는 의미다. 하지 말아야 할 것을 하지 않는 것만으로도 큰 과오는 줄일 수 있다.

지속
가능성

chapter 5

장수하는
기업만이
아는 비밀

당장의 성과나 이익창출보다 중요한 것은
지속가능한 성장을 하는 것이다.
즉 장수하는 조직, 장수기업을 만들어야 한다.
그러기 위해서는 항상 기본으로 돌아가는 것이 중요하다.
기본과 기초가 튼튼한 건물은
웬만한 비바람과 자연재해에도 끄떡없이 유지되지 않는가.
멀리 오래 나아가고 싶다면 바닥부터 탄탄히 다져야 한다.

성장의 변곡점을
어떻게
보낼 것인가

제품수명주기 이론에 의하면 신제품 도입 후, 성장기와 성숙기의 정점을 지나 쇠퇴하는 것이 일반적인 제품의 일생이다. 하지만 모든 제품이 수명주기의 정점을 지나 하향하는 것은 아니다. 성장의 변곡점을 그리며, 지속가능한 성장을 하는 경우도 많다.

인생의 4단계 수명주기

사업을 할 때는 매 분기별로 전략을 점검한다. 이런 과정을 우리 인생에 대입해, 생애 기간을 120년이라 가정하고 30년 단위로 4등분하여 수명주기를 생각해보자.

20대 후반기까지인 1분기 시절은 대체로 부모 슬하에서 학습하는 기간이다. 지식을 습득하고 인생의 기반이 되는 가치관을 정립하며, 육체적·정신적 건강의 토대를 쌓는 시기다. 물론 10대 후반 혹은 20대 초반에 금메달을 따며 전 세계를 열광케 한 김연아 선수나 한류를 이끌고 있는 연예인들도 있다. 그들은 일반적인 경우와 달리 10대 초반이나 그보다 더 어린 시절부터 혹독한 훈련과 학습으로 자기 분야의 전문가가 되기 위한 노력을 해왔다. 하지만 대부분의 사람들은 부모의 보호에서 벗어나 독립된 삶을 위한 준비를 하는 데 대략 30년 가까운 세월이 걸린다.

30세에서 60세까지 인생의 제2분기는 성취의 기간이다. 인생살이의 가시적인 결과를 모두 이룰 수 있는 역동적인 인생을 경험하는 시기라고 할 수 있다. 이 기간에는 성취의 열정을 불사르며 숱한 도전을 하게 된다. 그 과정에서 고통을 인내하고, 수많은 선택의 접점에서 올바른 판단과 결정을 내리는 것이 무엇보다 중요하다.

이 시기는 자신의 역량을 극대화하는 기간이기도 하다. 때문에 기업가는 기업 경영을 통해서 사업보국의 단계까지 확장시키며, 공적 리더는 국가경영을 통해서 선진 일류 국가로 발전시키는 데 헌신한다. 학자는 연구와 교육을 통해 후학을 양성하고 나아가 세상을 진화시킨다.

인생의 3분기인 60세 이후는 자아실현을 완성하는 단계다. 그동안 쌓은 유무형의 자산을 베푸는 시기라고 볼 수 있다. 지식과 경험을 공유하고, 사회의 음지가 양지가 되는 데 보탬을 주어야 한다. 축적된 경험과 지혜로 국가와 사회에 봉사할 수 있는 보람의 시기다.

인생의 4분기인 90세 이후는 명예롭고 보람 있었던 인생의 마지막 불꽃을 태우는 정리의 시기라 할 수 있다.

이렇게 인생의 주기를 나누어보니, 나이가 든다고 해서 모두 같은 시기에 같은 폭으로 성장하는 것은 아니겠다는 생각이 든다. 어쩌면 사람마다 큰 폭으로 성장하는 인생의 변곡점이 따로 있을지도 모르겠다. 그렇다면 인생의 변곡점에서 성장이 멈추지 않고 지속적으로 발전할 수 있는 비결은 무엇일까? 내 생각을 정리해보면 크게 두 가지다.

첫째, 끊임없는 학습을 들 수 있다. 지속적인 평생학습만이 도약할 수 있는 기회를 만들어준다. 개개인이 자신의 능력 한계치에 다다르고 성장이 둔화되기 전에, 새로운 정보와 지식, 급변하는 환경 변화에 대응 가능한 지혜를 얻을 수 있는 학습이 필요하다.

둘째, 개개인은 인생의 좌표를 분명히 점검하고, 미래를 가늠하는 혜안을 바탕으로 한 통찰력이 있어야 한다. 자신의 현재 위치를 정확히 자각하고 있어야, 나아갈 방향을 올바로 설정할 수 있다.

내 인생을 이끄는 보이지 않는 손

젊은 시절에는 미래가 잘 보이지 않을뿐더러 막연한 두려움과 은근한 설렘이 뒤섞인다. 하지만 인생의 3분기에 들어서서 지난날을 돌이켜보니, 우리 인생길에는 '보이지 않는 손Invisible Hand'이 있구나 하는 생각이 든다.

나는 인생의 1분기에 육군사관학교를 졸업하고 대위 때까지 장교 생활을 한 뒤, 훌륭한 장군이 되겠다는 꿈을 접고 전역했다. 당시 우리나라는 수출에 전념하고 있었는데, 나 역시 샘플 가방을 들고 전 세계로 출장을 다니며 제품을 수출하면서 국제 무역실무를 익혔다. 미래를 준비하는 자기계발의 일환으로 영어를 독학으로 공부했고, 주경야독하며 고려대학교에서 석사 학위를 취득했다.

성취의 기간인 인생의 제2분기에는 경영학 박사 학위를 취득하며 평생 공부할 수 있는 기반을 마련했다. 그리고 이 기간에 운 좋게도 국내 기업과 글로벌 기업에서 30년 동안 CEO를 역임했다. 가시적 성과나 이윤보다는 기업의 경영철학을 고심하며, 혼을 실어서 경영에 매진하다 보니 많은 결실도 얻었다. 하지만 그 과정에서 영광스런 순간 못지않게 극복해야 할 고난의 시간도 많았다.

인생의 3분기를 맞아서는 소기업을 몇 개 창업했으며, 성숙한 열정을 불사르고 있다. 인생의 3분기에도 성장의 변곡점을 유지할 수 있었던 것은 '내일 할 일을 어제 하라'는 태도로 인생을 준비해왔기 때문이다.

인생에 찾아오는 변곡점은 어쩌다 우연히 주어진 것이 아니다. 그 것은 꾸준히 미래를 준비하는 이들에게 선물처럼 찾아오는 기회다. 그것이 나를 발전시키는 성장의 전환점이 되기도 하지만, 아무 준비를 하지 않은 이들에게는 오히려 퇴보하는 순간이 되기도 한다.

기업도 마찬가지다. 대나무의 마디가 쑥쑥 자라듯이 지속가능경영을 위한 상향 변곡점을 만나 한 단계, 두 단계 레벨업되는 기회들을 찾아내야 한다. 중요한 순간마다 성장과 상승이 아니라 후퇴와 하락을 한다면, 그런 기업의 미래는 어둡다.

돌이켜보면 인생도 사업도 원하는 대로만 움직이지는 않았다. 복잡하게 얽힌 세상은 예측하기 어렵고, 주변의 사람들과 맺게 되는 관계의 변수는 너무도 크기 때문이다. 자신이 원하든 원하지 않든 많은 변화를 경험해야 하고 뜻하지 않은 굴곡도 맞아야 한다.

당장의 현안들을 처리하는 것도 중요하지만, 먼 미래를 미리 내다보고 전략적인 준비를 하는 것 또한 소홀히 해서는 안 된다. 기회는 언제나 준비한 사람과 조직에게만 찾아오는 법이다.

기업도 사람도
희로애락과
흥망성쇠가 있다

자연도 봄, 여름, 가을, 겨울 4계절의 변화가 반복되듯이, 우리 인생도 희로애락이 교차하고 반복되며, 기업 또한 흥망성쇠(興亡盛衰)의 오르내림을 겪는다. 순환하며 반복되는 자연의 섭리처럼 인간 세상의 일도 돌고 돌며 순환한다. 그렇기에 당장의 일에 일희일비하는 태도로는 큰 그림을 그리기 어렵다. 웬만한 변화와 자극에는 진득하게 견뎌내는 힘이 있어야 큰일을 성취해낼 수 있다.

그렇다면 지속가능한 성장을 위해 이 오르내림을 어떻게 견뎌내고, 어떤 방향으로 이끌어가야 할까?

인생에는 생로병사가, 기업과 국가에는 흥망성쇠가 있다

얼마 전 기업의 수명에 관한 자료를 한 장 얻었다. 자료에 따르면, 우리나라의 경우 30년 이상 생존한 기업이 6.6퍼센트, 50년 이상 생존한 기업은 2퍼센트에 불과했다. 100년 이상 된 기업은 7개뿐이었다. 그리고 창업한 신생 기업은 5년 안에 10개 회사 중 7개가 없어진다. 세계 500대 기업의 50년간 생존율이 14퍼센트라는 사실과 비교하면 안타까운 수치다. 수치의 단순 비교만으로도 치열한 환경에서 기업을 발전시킨다는 것이 참으로 힘든 일임을 깨닫는다.

인생에는 생로병사(生老病死)가 있고, 기업과 국가에는 흥망성쇠가 있다. 나는 이것을 40대 초반 미국 출장길에 아주 사소한 일을 통해 느꼈다. 미국에 출장을 갈 때면 5년이나 살던 뉴저지 주 포트리 마을의 남부 이탈리아식 식당을 찾곤 했다. 내 단골 식당이기에 당연히 그곳에서 식사를 할 생각으로 그날도 한달음에 달려갔다. 그런데 그 자리에 있어야 할 식당이 사라지고 없는 게 아닌가.

주변을 살펴보니 항상 있던 핫도그 가게도 두 집 중 한 집이 보이지 않았다. 거기서 조금 더 옆으로 가면 주유소 한쪽에 소프트 아이스크림 가게가 있었는데, 그 또한 사라지고 없었다. 형언하기 어려운 이상한 기분이 들었다. '아, 언제나 거기 있을 것만 같던 것들이 이렇게 사라져버리는구나!'라는 사실을 현실로 느꼈다. 그 순간의 감정이 어린 시절 배운 문구 하나를 현실로 불러냈다. "산천은 의구한데, 인걸은 간 곳이 없네!"

젊어서 모든 것이 영원할 것만 같던 시절에는 몰랐던 감정이다. 언젠가는 누군가와 이별하고, 아끼고 좋아하지만 사라지는 것도 있고, 영원히 만나지 못하게 되는 것도 있다는 것을 그날 그 자리에서 깨달았다.

기업도 국가도 영원한 것은 없다

내가 혼신의 힘을 다해 근무하던 첫 번째 직장과 두 번째 직장도 사라졌다. 첫 번째 직장의 모기업은 우리나라에서 건설업체 순위 10위에 오르내리던 대단히 성공한 기업이었다. 사우디아라비아와 쿠웨이트 등 중동에서 거대한 프로젝트를 성공적으로 건설한 회사였다. 그리고 내가 근무했던 계열 회사는 거대한 생산 시설을 갖춘 우리나라의 대표적인 요업 기업이었다. 그러나 이제는 자취도 없이 사라졌다.

두 번째 직장에서는 10년 가까이 임원 생활과 계열사 사장직을 성공적으로 수행했다. 역시 우리나라 기업 랭킹 상위권에 있던 곳으로 전성기에는 중동에서 기업 역사에 남을 만큼 큰 프로젝트를 성공적으로 완수했다. 또 대성목재를 인수해서 운영했고, 기타 기업들도 정부로부터 인수 제안을 받을 만큼 건전하고 규모 있는 기업이었다.

하지만 회장의 건강 악화로 사업이 쇠퇴하더니 다른 기업에 여러 번 인수되면서 없어졌다. 나는 두 회사 모두 전성기일 때 다른 곳으로 자리를 옮겼기에 그 회사들이 오래도록 승승장구할 거라 믿었다.

내가 오래도록 몸담으며 열정을 불살랐던 기업이 사라지자 마치 그 시절의 내 인생이 사라진 것만 같은 느낌이 들었다. 이처럼 건실하고 잘나가던 기업이 하루아침에 사라지기도 한다. 이런 일련의 경험으로 기업의 지속가능성Sustainability에 관해 남다른 교훈을 얻었다.

기업뿐인가. 지난여름 방문한 크로아티아의 경우 주변 국가들은 나라의 이름이 바뀌고, 나라가 갈라지고 합쳐져서 우리가 학교 다닐 때 배웠던 세계 지도상에 있었던 나라들이 아니었다. 개인도, 기업도, 국가도 영원한 것은 존재하지 않는다.

이런 사례를 보며 다시금 우리 앞에 놓인 과제를 고민하게 된다. 지속가능경영을 하기 위해 무엇을, 어떻게 준비해야 할 것인가?

일본에 출장을 갔을 때 서점에서 구입한《경영자의 마음가짐(經營者の心得)》이라는 책에서 그 힌트를 얻을 수 있다. 그 책 표지에 "경영에는 국경이나 업종을 초월하는 원리 원칙이 있다. 첫째, 기업 이념의 작성, 둘째, 목표의 설정, 셋째, 전략의 입안, 넷째, 후계자의 육성"이라고 요약되어 있다.

세계무대에서 다양한 분야의 산업을 이끌며 장수하는 기업들은 자신들이 왜 그 사업을 하는지 알고 있다. 즉 확고한 '경영이념'을 갖고 있는 것이다. 그런 회사들의 홈페이지를 찾아서 연구해보는 것도 큰 도움이 되리라 여겨진다. 그다음으로 목표 설정과 각종 전략 및 전술이 수반되어야 하고, 마지막으로 후계자의 육성을 통해서 조직의 공리인 계속기업Going Concern을 지켜나가야 한다.

장수하는 조직을 만들기 위해서는 항상 기본으로 돌아가는 것이 중요함을 잊지 말자. 기본과 기초가 튼튼한 건물은 웬만한 비바람과 자연재해에도 끄떡없이 유지되지 않는가. 멀리 오래 나아가고 싶다면 바닥부터 탄탄히 다져야 한다.

지속가능경영의
목적지까지
순항하려면

해외 출장을 자주 다니다 보면 날씨나 항공기와 관련된 여러 경험을 하게 된다. 특히 기류가 불안정한 지역을 비행기가 통과할 때면 심한 요동 때문에 많이 놀라곤 한다. 이 글을 쓰는 순간에도 코펜하겐 상공에 구름이 많아 펜을 가누기 힘들 정도로 동체가 흔들리고 있다. 그러나 비행기 기장은 계절과 기상 상황, 지역을 막론하고 승객을 안전하게 목적지에 내려줘야 한다.

CEO는 어떠한가? 경제나 정치 상황이 어떻든 기업을 성장시켜야 한다. 글로벌 금융위기, 외환위기, 오일쇼크, 심지어 정변 속에서도 그런 원칙은 변함이 없다. 특히 요즘 같은 글로벌 경쟁 시대에는 더 많은 경쟁자들을 상대로 무한 경쟁의 벽을 뚫고 생존해야 한다.

승객을 안심시키는 기장의 리더십

뉴욕에서 일하던 시절, 중동 출장을 갔다가 파리에서 콩코드 비행기를 타고 뉴욕으로 귀환할 때였다. 대서양을 반쯤 비행하여 건너고 있을 즈음 기내의 디지털 속도계는 음속을 돌파해 마하 1.2에 이르렀다. 그때 갑자기 '쾅'하며 폭발음이 터져 나왔다. 약 1분 후 두 번째 폭발음이 기체를 흔들었다.

영락없이 죽는 줄 알았다. 공포가 가득한 가운데 비행기는 급강하했다. 그러더니 180도 선회해 오던 방향으로 돌아가고 있었다. 상황이 얼마나 급박했던지 기내에는 한동안 안내 방송도 나오지 않았다. 폭발이 있고 약 30분 정도 지나서 기장이 침착한 목소리로 방송을 시작했다.

"승객 여러분, 많이 놀라셨겠지만 현재 모든 기술적 조치를 끝냈습니다. 3번 엔진이 폭발했지만 안전에는 이상이 없습니다. 현재 출발지로 방향을 바꾸어서 파리로 회항 중에 있으며, 계속 상황을 알려드리겠습니다."

기내 방송을 듣고서야 한시름 덜 수 있었다. 드디어 창밖으로 파리 근교가 보였다. 비행기는 남은 연료를 소진하기 위해 파리와 도버 해협 상공을 여러 번 선회한 후 착륙했다. 아무 탈 없이 안전하게 착륙하자 숨죽이고 있던 승객들이 일제히 환호성을 지르고 큰 박수를 보냈다. 기장의 의사 결정과 판단력, 그리고 승객을 안심시키는 리더십이 얼마나 중요한지 절감한 사건이었다. 그동안 내가 경험한 여러 경영 위기는, 비행기 기장이 리더십을 발휘해 위기를 넘긴 그 순간과 닮아 있다.

전쟁터와 같은 경영의 현장

경영 현장은 소리 없는 전쟁터와 같아서 리더가 전략을 잘못 세우거나, 위기 대응 능력이 떨어지면 생존을 위협받는다.

뉴욕에서 근무하던 시절, 직원의 실수로 회사가 도산 위기 직전까지 갔던 일, 30대 중반에 자본이 거의 잠식된 회사의 대표이사로 부임해 회사를 다시 살려야 하는 임무를 맡았던 일, 글로벌 기업의 창업 CEO로 한창 회사를 키우다가 1997년 외환위기로 매출액의 거의 반이 날아간 일 등 경영 현장에서 크고 작은 위기는 셀 수 없이 많았다. 그때마다 엔진이 폭발한 비행기의 기장처럼 절체절명의 순간과 맞닥뜨렸고, 필사적 리더십을 발휘해 위기를 극복했다.

지금은 시간이 꽤 지나서 잊혀져가고 있지만, 1997년 외환위기가 닥쳤을 때 우리나라는 국가부도 사태에 직면했다. 당시 국제통화기금IMF에서 195억 달러의 긴급자금을 지원받아 위기를 넘길 정도로 사상 초유의 급박한 경제 위기 상황이었다.

1997년 초반부터 연쇄 도산한 대기업군을 살펴보면, 1월 한보그룹, 3월 삼미그룹, 4월 진로그룹, 5월 대농그룹, 6월 한신공영, 7월 기아그룹, 10월 쌍방울그룹·태영정밀, 11월 해태그룹·뉴코아그룹 12

월 한라그룹 등이다. 이처럼 경제계를 주름잡던 수많은 기업들이 도산했고 엄청난 숫자의 실직자가 발생했다.

당시 한국그런포스도 경제 위기의 여파에서 자유롭지 않았다. 급격한 환율 변동으로 인해 우리나라의 원화는 거의 반 가까이 가치를 상실했다. 그 때문에 회사 매출의 반 정도를 잃어버린 상황에서 매출을 다시 상승시키지 않으면 안 되는 대단히 중요하고도 긴박한 상황이었다. 그러나 여러 가지 어려운 과정을 거쳐서 회사를 인수하는 방식을 통해 잃어버린 매출액을 다시 찾아왔다.

여러 달 동안 밀고 당기는 협상 및 회계사와 변호사를 통한 실사까지 포함하여 몇 달 밤을 새워 일했다. 드디어 지난하고 힘겨웠던 과정 끝에 협정식에서 서명하는 절차만 남겨놓고 있었다. 축하를 위한 배너도 설치했고, VIP 손님들을 초대할 서명식 및 만찬 행사장도 잘 준비해놓았다.

그런데 예기치 못한 일이 생겼다. 덴마크 그런포스 그룹의 수석 부회장인 소렌 소렌슨이 계약서에 있는 한 가지 법적조항 때문에 서명할 수 없다며, 딜 브레이크Deal Break(협상 파기)를 할지도 모르겠다고 한 것이다. 손님들은 도착했고 재협상을 하는 동안 시간이 흘러서 밤 10시가 지났다. 딜 브레이크를 하느냐 마느냐 실랑이하며 밤늦게까지 협상이 계속되었다. 나는 저녁 식사도 못한 채 기다리는 VIP 손님들을 보면서 속이 타들어갔다.

덴마크의 소렌슨 수석 부회장과 거의 몸싸움을 하기 직전까지 치열한 공방이 오고갔다. 오랜 논쟁과 설득 끝에 협상은 마무리되었고, 한국 측 변호사와 함께 조건부 조항으로 설득해서 밤 10시가 지나서야 서명했다. VIP 손님들에게는 몇 시간이나 지나서야 늦은 저녁식사를 제공하는 결례를 범하게 되었다. 이렇듯 하나하나 되돌아보면 경영을 하는 현장은 곳곳이 전쟁터이고 순간순간이 역사다.

그동안 숱한 위기를 겪었지만, 운 좋게 30년이 넘도록 CEO로 회사를 경영하고 있다. 엄청난 긴장감과 책임감의 연속인 위기 상황을 겪으며 CEO는 비행기 기장과 참으로 비슷한 역할을 한다는 생각이 든다. 기장은 어떤 기상 조건에서도 승객을 목적지까지 안전하게 모셔야 한다. CEO도 마찬가지다. 어떤 경제 상황이나 예측 불가능한 위기 속에서도 지속가능경영을 해야 하고, 회사를 장수기업이란 목적지까지 이끌어가야 한다.

'승자의 덫'을
피하는
경영 사이클

5년 전 중국 상하이의 푸둥 국제공항에 도착해서 본 광경이 기억에 남아 있다. 공항의 긴 게이트를 따라 걷다 보니 푸른색의 삼성, 빨간색의 LG, 분홍색의 하이얼Haier 3개 회사의 평면 텔레비전이 전시되어 있었다. 줄지어 서 있는 텔레비전들을 보며 20여 년 전, 전 세계의 주요 공항과 중앙역, 혹은 뉴욕의 타임스퀘어 같은 곳에서 볼 수 있었던 일본 기업들의 화려한 네온사인이 생각났다.

지금 그 장소들은 몇 개의 외국계 업체를 제외하고는 모두 한국과 중국의 기업들이 차지했다고 해도 과언이 아니다. 옛날 삼성 임직원들의 소망은 일본의 소니Sony를 따라잡을 수 있는 회사를 만드는 것이었다고 한다. 하지만 어느새 삼성전자의 규모가 하루가 다르게 커지면서 일본 전자업체들 전체의 매출액 합계를 훨씬 넘어선 지

오래다.

그렇다고 안도할 수는 없다. 일본 회사들의 빌보드가 있던 곳을 한국 회사들이 차지했듯이, 지금 한국 회사들이 차지하고 있는 위상 또한 중국이나 인도 같은 후발 신생국 기업들이 따라잡을 가능성은 얼마든지 있기 때문이다.

지난주에 상하이를 방문해 보니 푸둥 국제공항에 있던 상기 3사의 평면 텔레비전은 사라지고, 그 자리를 하이센스라는 회사의 TV가 차지하고 있었다. 그뿐 아니다. 지난여름 방문했던 뉴욕 타임스퀘어의 전광판 배열도 달라지는 추세였다.

승리에 도취되는 순간, 승리는 멀어진다

언론에서는 우리나라 경제가 어렵다고 계속 보도하고 있다. 강대국들의 보호 무역 정책으로 더욱 불안해진 글로벌 경제를 지켜보며 예전에 읽었던 국제경영학 원서를 찾아봤다.

많은 리더나 경영자들이 성공의 덫에 취해서 당연히 마련해뒀어야 할 기초적인 대안을 준비하지 않아 어려움을 겪는 경우가 많다. 이런 상황을 지켜보며 단기적인 해법이 아닌 근원적인 대책이 필요한 것은 아닐까 하는 생각을 해보았다. 그런 의미에서 근본으로 돌아가서 생각을 정리해보고 싶었다.

챕터 5의 첫 번째 꼭지에서 말한 제품수명주기처럼 기업과 국가도 성장과 쇠퇴를 겪으며 상승과 하강의 사이클을 되풀이한다. 이 기초적인 사실을 우리는 삶을 통해서 직접 경험해왔고, 역사를 학습하며 터득해왔다.

그런데 주변을 돌아보면 세상 모든 것이 상승과 하락을 반복하며 희비의 엇갈림 속에 변화한다는 것을 잘 모르는 듯하다. 히트 상품이 천년만년 잘 팔릴 거라 착각하고, 젊음과 건강이 변함없이 유지될 것처럼 행동한다. 기업이나 국가의 성장과 존속이 영원히 계속되리라 믿고 방심하는 사례는 너무도 많다.

그러나 우리의 안일한 기대감과 달리 현실은 냉혹하다. 상당수의 기업들이 혁신적인 제품과 기술을 도입해 활황의 즐거움을 누린 뒤, 그 승리에 취해 더 이상의 노력을 하지 않는다. 그러다 무섭게 도전하는 후발 기업에 의해 쇠퇴기를 맞는 기업을 많이 보아왔다.

1928년에 창립된 이래 승승장구하며 세계적으로 손꼽히는 기업의 반열에 올라 있었던 모토로라를 예로 들 수 있다. 모토로라는 세계 최초로 상용 휴대폰을 출시했던 기업임에도 스마트폰에 적응하지 못하고, 결국 2011년 구글에 인수되었다.

국가도 마찬가지다. 우리나라는 전쟁을 겪고 폐허 상태에서 그 어떤 나라보다 빠른 속도로 경제적 상승을 이뤘다. 하지만 그 상승 과정에서도 1970년대 석유파동, 1997년 IMF 경제 위기, 2008년 글로벌 금융위기 등의 격랑이 찾아왔다.

호황일 때 불황을 준비하는 자의 미래

최근 몇십 년 동안 땀 흘려 노력한 결과, 자랑스럽게도 글로벌 시장에서 1등을 차지하는 우리나라 기업이 여럿이다. 그러나 지금 많은 분야의 리더들이 한국 기업이나 경제의 미래에 관해 큰 걱정을 하고 있다.

여기서 질문을 하나 던져보자. 호황과 불황의 사이클을 오가는 것은 일반 상식이건만 왜 호황을 누릴 때 미래에 닥쳐올 불황을 미리 준비하지 못하는 걸까?

혹시 다음과 같은 이유 때문이 아닐까 생각해본다.

첫째, 경제나 경영 사이클의 경험이 세대 간에 승계되지 못해서일 수 있다. 기성세대는 다음 세대도 본인들이 경험한 사실을 잘 숙지하고 있을 거라고 생각하지만 실제로는 그렇지 않다. 예를 들어 젊은이들과 대화해보면 석유파동의 고통을 알고 있는 이가 거의 없다. 30대 초반만 해도 온 국민이 열광했던 88서울올림픽, 2002년 월드컵을 그냥 역사적인 사실로 기억할 뿐이다. 이처럼 경영이나 역사의 사이클에 대한 경험과 안목은 세대 간의 시간 간격과 망각 때문에 명확히 학습되고 승계되기 어렵다.

둘째, '승자의 함정Trap of Success'에 빠져 과신과 오만함이 현실을 직시하지 못하게 한 것일 수도 있다. 기업의 CEO나 임원들 중 상당수가 자신들의 이야기는 아니라고 강변할지도 모른다. 그러나 정상까지 오른 기업 주변에서, 특히 을의 입장에서 그들을 관찰하면 명확히 보이는 것들이 있다. 대체로 성장 발전할 때의 근면성실하고 도전적이었던 모습이 약해지고, 창업자의 경영철학이 희석되면서 허세와 거품이 보이곤 한다. 성공의 낙관에 취해 자신도 모르는 사이 변질되어가는 것이다.

얼마 전 미국 보스턴에서 열린 글로벌 미팅에 참석했다. 이 미팅의 가장 중요한 화두는 '세계 경제 불황 속에서 어떻게 변곡점을 관리할 것인가'였다. 변곡점에서 하향 곡선이 아닌 상향 곡선으로 가려면 실무자나 경영자 모두 기본으로 돌아가서 전략을 점검하고 실행해야 함을 제안하고 싶다. 즉 경영 사이클을 상시 점검하고 세대 간 시간차와 망각을 넘어서서 변곡점 관리를 철저히 해야 한다는 의미다.

'말뫼의 눈물'이 '울산의 눈물'이 되지 않도록 미리 불황에 대비해야 한다. 한때는 업계 1위를 지키며 슈퍼 파워를 자랑하던 글로벌 기업들이 과거의 성공과 자만심에 취해 그 자리에서 물러난 것을 타산지석으로 삼아야 한다. 회사의 존립을 위협하는 승자의 덫에 걸리지 않도록 다시 초심으로 돌아가자.

'플랜B'는
위기에
어떤 힘을 발휘할까

임직원들이나 학생들을 대상으로 강의할 때면 자주 받는 질문이 있다. "개인과 조직의 성공 비결이 무엇이냐"는 것이다. 그럴 땐 그 비결을 알려주기보다 역으로 다음과 같은 질문을 건넨다.

"이 순간, 같은 직장 혹은 같은 교실에서 일하고 수업을 듣고 있지만 20년 후 여러분들의 인생 좌표는 각자의 성공이나 실패의 정도에 따라 달라질 것입니다. 그렇다면 우리를 각기 다른 좌표에 놓이게 하는 것, 남들과는 다른 삶을 살게 하는 성공의 핵심 동인은 무엇이겠습니까?"

대체로 노력, 열정, 인내, 전략 등이 언급된다. 맞는 말이지만 중요한 게 빠졌다. 꼭 필요한 성공 요인 중 하나는 '플랜B'다. 본래의 계획이 달성되지 않았을 때 대처할 수 있는 '대안'의 유무다. 개인의 인생살이든 기업 경영이든 뜻하지 않은 내외부 여건에 부딪혀 원하는 목표를 달성하기 어려운 경우에 놓이곤 한다. 그런데 실질적인 대안을 수립해 예상치 못한 위기에 대처하는 개인이나 기업은 의외로 많지 않다.

인생 대차대조표에서 가장 중요한 세 가지 자산 항목

엄청난 환율 변동이나 경제 환경 변화처럼 거시적인 불확실성은 어쩔 수 없다고 치자. 중요한 건 평범한 준비다. 글로벌 시대를 산다면서 외국어 실력을 키우지 않아 과소평가를 받는 임직원, 과도한 흡연과 음주로 노후에 고통을 겪는 퇴직자, 현금흐름 관리를 게을리 해서 위기를 맞은 중견기업, 훌륭한 지도자를 키우지 못해 혼란을 겪는 국가. 이들은 할 일을 제대로 하지 못한 문제 외에도 아주 기본적인 '플랜B'를 준비하지 못했다는 공통점이 있다.

시시각각 빠른 속도로 변화가 일어나고 불확실성이 가중되는 세상에서는 그에 대한 대비가 필요하다. 그럼에도 미래의 위기관리를 위한 대안을 마련하고 미리 대비하는 사람은 보기 드물다. 아직 문제의 심각성을 몰라서일 수도 있고, 당장의 삶을 살아내기 바빠서일 수도 있으며, 게을러서일 수도 있다. 이유야 어찌됐든 위기관리를 위해서는 '플랜B'를 마련하는 것이 필요하다. 나는 인생 대차대조표상 가장 중요한 세 가지 자산 항목에 대한 '플랜B'를 제안한다.

첫째, 인생을 살며 가장 소중한 건강이라는 자산을 유지하기 위해 평소 꾸준히 운동하고, 체력을 점검해야 한다. 체력은 오랜 기간을 들여 비축하는 것이다. 너무 평범하고 뻔한 이야기 같지만, 기본을 소홀히 해서 낭패를 보는 일을 우리는 심심찮게 발견할 수 있다.

가장이 건강을 잃어 하루아침에 가정이 몰락하거나, 기업주가 건강관리에 실패해 기업이 도산하는 사례를 보라. 본인이 추구하는 바를 성취하려면 건강하게 장수하는 건 기본 전제다. 건강을 잃으면 모든 것을 잃는다.

둘째는 학습이다. 학습은 미래를 대비하기 위한 평생의 과정이다. 배움이 멈추면서 성장도 멈추고, 그 때문에 일찍 물러나는 임직원들을 보면 늘 안타깝다. 미국 시애틀의 '아마존 고'를 방문하면 미래의 세계가 얼마나 빨리 바뀌어갈지를 가늠해볼 수 있다. 찰스 다윈의 말처럼 최후의 생존자는 힘이 센 사람도, 똑똑한 사람도 아니다. 가장 적응을 잘한 사람이다. 급속한 변화의 물결에 적응하여 생존하려면 공부하고 또 공부해야 한다.

셋째는 저축이다. 금액은 중요치 않다. 꾸준히 저축을 해둬야 위기 상황이 닥쳤을 때 대응할 수 있고, 좋은 일에도 쓸 수 있다. 그 누가 자신의 앞날을 예측하고 확정할 수 있는가. 인생살이는 늘 굴곡이 있으며 예상치 않은 어려움을 헤쳐 나가려면 저축된 자금이 반드시 필요하다. 당연한 얘기 같지만 의외로 당연한 것을 등한시해서 낭패를 보는 경우가 많음을 기억하자.

무책임한 낙관 대신 플랜 B로 무장하기

기업의 경우에는 불확실성에 대한 '위기의식A Sense of Urgency'을 평소에 기본적으로 갖고 있어야 한다. 하지만 임직원들 중 위기의식을 갖고 언제든 대응할 준비를 하고 있는 사람은 드문 편이다. 한번 생각해보자. 만일 여러분 회사의 문제가 신문 1면에 갑자기 보도되었다면 어떻게 처리할 것인가? 거기에 대한 대응책은 있는가? 같이 해결할 수 있는 파트너들은 준비되어 있는가? 갑자기 공장에 불이 났다면 대안은 무엇인가?

이 모든 문제들이 우리 기업만은 피해갈 것이라는 낙관과 안이함은 버리도록 하자. 예상치 못한 문제와 위기는 누구에게나 언제든 찾아올 수 있다. 따라서 기업은 이러한 위기관리Crisis Management를 위한 플랜B를 가지고 있어야 한다.

그 대안으로 첫째, 능력 있고 훌륭한 '이사'들이 포진된 '이사회'를 구성해야 한다. 진정성 있는 토론과 제안이 없는 거수기 집단 같은 이사회는 무의미하다.

둘째, 실무적으로 모든 조직을 상시 점검하고 지원하는 관리 조직을 두어야 한다. 세계에서 1등의 자리를 차지하고 있는 선진 기업의 경우는 훌륭하게 조직된 컨트롤러 조직을 가지고 있다. 그들은 전문가로 구성된 컨트롤러 조직을 운영하여 조직을 상시 점검하고 미래의 예상치 못한 상황에 대비한다.

셋째, 미래를 이끌어나갈 인재를 발탁하고 양성해야 한다. CEO뿐만 아니라 핵심 부서장에 이르기까지 평소 후계 구도를 준비해두어야 한다. 한두 명의 핵심 인재가 이탈함으로 인해 많은 어려움을 겪는 기업을 보곤 하는데, 평소에 준비되어 있다면 인재 이탈로 기업이 흔들릴 일은 없다. 인재의 발탁 및 육성 그리고 후계자 계획을 세우기 위해서는 전문성을 갖추고 미래를 대비하는 인사부서가 효과적으로 기능을 발휘해야 한다.

국가경영도 마찬가지다. 우리나라는 경제 기적을 이뤄내며 성장해왔다. 하지만 성장의 기적은 영원할 수 없기에 늘 현재를 점검하고, 언제 닥칠지 모르는 위기상황을 대비해야 한다.

미래의 성장 동력과 먹거리는 어디에서 어떻게 찾아야 할까? 만일 일본이 겪은 '잃어버린 20년'이 우리에게 찾아온다면 대안은 있는가? 동북아 갈등에 대한 해결책은? 북한 문제에 대한 플랜B는 누가 어떻게 준비하고 있는가?

플랜B가 준비된 개인, 기업, 국가는 여유 있고 자신감이 넘치며 힘이 있다. 예상치 못한 비바람에 흔들리거나 쓰러지지 않는다. '플랜B'는 언제나 준비되어 있어야 하며, 너무 늦지 않게 시작해야 함을 기억하자.

200년 역사를 가진 기업의 철저한 안전의식

　기업 경영을 하며 경영자들이 항상 관심을 가져야 할 분야 중 하나가 위기관리다. 그중에서 가장 중요한 부분은 안전에 관한 것이다.

　우리나라의 경우 안전사고로 인해 인명과 재산의 손실을 겪은 일이 상당히 많다. 돌이켜보면 성수대교 붕괴, 삼풍백화점 붕괴, 세월호 사건 등 가슴 아픈 대형사건과 사고들이 있었다. 미리 안전에 대한 철저한 점검을 하고 대비했다면 막을 수 있었던 인재(人災)다.

　더 안타까운 것은 이런 아픔을 반복해서 겪고서도 여전히 안전에 대한 의식과 대비에 소홀하다는 점이다. 그나마도 전시효과를 노린 보여주기 식이 많다. 특히 국가적인 안전 의식의 결여를 지적하지 않을 수 없다.

번영과 발전을 위한 기본 전제는 안전을 지키는 것

200년의 역사를 가진 한 외국계 화학 기업에서 조찬 회의가 있었다. 회사를 소개하는 발표자는 회의를 시작하기 전에 재난 발생시 회의실을 탈출하는 방법부터 안내했다. 그는 건물 양쪽 비상계단의 위치를 안내하면서 유사시 대응 요령을 자세히 알려줬다. 신기한 광경이라 이런 저런 질문을 던졌다. 외부에서 손님이 찾아오면 늘 안전 교육부터 하는 것이 전 세계적으로 실행되는 그룹의 매뉴얼이라고 했다.

이 회사에는 독특한 규정이 또 있다. 건물 양쪽에 비상계단이 없는 건물에는 계열 회사가 입주하지 못한다는 내용이다. 전 세계 모든 사업장에 동일하게 적용되는 규정이다. '안전'이 담보되지 않으면 회의조차 할 수 없다는 게 그들의 원칙이었다. 다른 분야의 산업보다 위험한 상황이 많을 수 있는 화학 산업 분야에서 이어온 200여 년의 역사가 그냥 얻어진 게 아님을 절실히 느꼈다.

얼마 전의 일본 출장길에도 깨달음이 있었다. 평상시 재난에 대비하는 일본인들의 자세다. 일본의 아파트 베란다는 우리나라처럼 새시로 창문 전체를 막아버리지 않는다. 옆집과의 사이 벽은 임시 칸막이처럼 약한 재질로 설치되어 있어서 긴급한 상황이 발생했을 때는 옆집으로 탈출할 수 있게 했다. 옆집뿐만 아니라 베란다 바닥에도 비상구를 설치해 아랫집으로도 탈출할 수 있게 되어 있다.

탈출 때의 안전까지도 고려해서 아랫집으로 내려가는 비상구는

지그재그 형식으로 만들어 낙상에 의한 안전사고가 나지 않도록 설치했다. 강화유리 등 깨지지 않는 창문에는 빨간 삼각형 모양의 스티커를 거꾸로 붙여 구조대원이 신속하게 진입해서 구조작업을 할 수 있도록 돕는다.

지진과 쓰나미 등 자연재해가 잦은 일본인들에게 대형재난에 대비한 평소의 준비는 매우 자연스러운 일이다. 재난에 대비한 펀더멘털이 생활화되어 있어서 대형재난이 발생해도 피해를 최소화할 수 있다.

소 잃기 전에 외양간을 고치는 현명함이 필요하다

수많은 사건, 사고로 대한민국이 몸살을 앓고 있다. 국가나 공공기관, 기업들이 제대로 된 재난 시스템을 만들고 위기관리 대응을 해야 함은 두말할 필요도 없는 일이다. 그러나 그들에게만 모든 것을 맡겨놓을 수는 없다. 안전을 지키려면 수준 높은 시민의식과 각자의 노력도 필요하기 때문이다.

주변을 탓하기 전에 당장 우리 자신의 안전 상황부터 점검하자는 의미에서 우리 회사부터 점검했다. 본사와 공장에 소화기를 비치하고 그 사용법 등을 알려주는 소방 훈련을 실시하고 있지만 빈틈이 있었다. 새로 입사한 직원, 또는 업무 때문에 훈련에 참가하지 않았던 직원들은 사각지대에 놓여 있었다. 응급 상황에 대비해 자동심장

충격기 또한 비치해두었지만 사용법은 물론, 많은 직원들이 어디에 있는지조차 몰랐다. 필요한 물건이 있어도 제때 찾지 못하거나 사용법을 모른다면 무슨 소용이겠는가.

최근 한 아파트에서 심근경색으로 운명을 달리한 주민의 이야기를 들었다. 그가 쓰러진 불과 몇 미터 옆 경비실에 자동심장충격기가 비치되어 있었다. 그러나 장례를 치르고 가족이 경비실에서 자동심장충격기를 발견한 후에도 경비 직원은 그것이 무엇인지조차 몰랐다고 한다. 남의 얘기가 아닌 것 같아 뜨끔했다.

사고가 발생하고 나서야 뒤늦게 반성하는 일이 되풀이되는 요즘, 지금 당장 자신과 주변부터 돌아봐야 한다. 반복적인 확인과 점검만이 재난을 예방할 수 있는 길이며, 안전에 대한 철저한 교육과 훈련은 경영과 관리에서 필수적인 부분이다.

안전 문제가 대두되자 최근 안전 교육 시간을 늘리고 체험을 중시하는 훈련 프로그램을 진행하는 곳이 늘고 있다는 소식이 들린다. 소 잃고 외양간 고치는 격이긴 해도 그나마 다행스런 일이다.

더 이상 인재로 소중하고 귀한 생명을 잃는 일이 반복돼선 안 된다. 하지만 아무리 훌륭한 재난 대응 시스템과 매뉴얼도, 그것을 사용하는 사람의 관심과 실천 의지가 뒷받침되어야 효과를 발휘하는 법이다. 남의 일이 아닌 나의 일로 여기고, 우리 스스로도 안전을 지키는 일에 적극 동참해야 한다.

안전이 보장되지 않는 사회에서 성장과 발전을 기대할 수 있을까? 스스로 자기 안전을 지키는 방법을 모르면서 타인을 도울 수 있을까? 내 집, 내 직장부터 돌아보자. 우리 민족은 항상 위기를 기회로 창출해왔다.

장수 식당에서 배우는 장수기업을 향한 꿈

　담백하고 시원한 국물 맛에 손맛 좋은 오이지와 부추가 잘 어우러지는 북엇국. 위에 부담이 없으니 더욱 좋다. 생각만 해도 침이 고이고 입맛이 돈다. 덤으로 얹어주는 국물은 그야말로 훈훈함 그 자체다. 추운 겨울날이나 더운 여름날이나 아랑곳없이 밖에까지 늘어진 줄에 동참해 한참을 기다려야 하지만 그래도 즐겁다. 서울 무교동의 소공동 북엇국집 이야기다.

　가게 문 위에 'Since 1968'이라고 적힌 조그만 간판이 있다. 50년 동안 고객이 북적거리도록 장사를 잘해온 비결은 무엇일까? 그것은 메뉴를 '북엇국' 한 가지로 해서 거기에 모든 역량을 집중한 데 있다. 메뉴가 한 가지니 빨리 나오고, 식탁에 부추와 오이지가 항상 준비되어 있어서 직원들 도움 없이 손님들이 스스로 원하는 만큼 덜어 먹을 수 있다. 단일 메뉴가 빠른 속도로 나오니 테이블 회전율이 좋고, 당연히 매상을 극대화할 수 있다.

이 식당처럼 50년, 100년을 유지하며 사람들의 꾸준한 사랑을 받아온 장수 식당들이 많다. 그 시간을 유지해온 데는 어떤 힘이 뒷받침된 것일까? 장수 식당의 핵심 역량Core Competence과 지속가능경영의 비밀이 무엇인지 알아봄으로써, 기업이 경영전략을 수립하는 데 많은 힌트를 얻을 수 있을 것이다.

오래 사랑받는 장수 식당들의 성공 비법

인천공항에서 이륙하여 11시간 이상을 비행한 후 프랑스 파리에 내리면 숙소에다 짐을 두고 바로 달려가는 곳이 있다. 개선문에서 샹젤리제 거리를 따라 콩코드 광장 방향으로 걸어가면 만날 수 있는 곳. 그곳은 1893년 벨기에 브뤼셀에서 처음 문을 열었고, 1989년 처음 프랑스에 상륙했다. 연간 600만 명의 손님이 방문하는 홍합요리 전문점 '레옹 드 브뤼셀'이다.

짭짤한 홍합 국물과 그 속의 싱싱한 홍합이 맛있어서, 먹다 보면 빈 용기 안에 까만 껍질이 수북이 쌓이지만 식후 속은 편안하다. 매일 8톤의 홍합을 요리에 쓴다고 하니 실로 어마어마한 양이다. 홍합요리와 더불어 맛있는 맥주 한두 잔을 곁들이면 그 조화는 이루 말할 수 없이 훌륭하다.

67개의 프랑스 지점을 넘어 2012년 영국 런던까지 진출했는데, 한 세기 이상 장수 식당으로 버텨온 비결이 무엇인지 생각해보았다. 그들의 핵심 역량은 전략적 집중이다. 홍합이라는 단일 식재료에 집중하여 차별화 전략에 성공한 것이다.

바닷가재로 유명한 미국의 보스턴을 방문해 호텔의 컨시어지에게 맛있는 시푸드 식당을 소개해 달라고 하면 서슴없이 '리갈 시푸드' 식당을 권한다. '생선이 신선하지 않다면 그건 리갈 식당이 아니랍니다If it isn't fresh, it isn't Legal'라는 자신감 있는 문구와 더불어 연도별 역사가 상세히 나열된 연표가 식탁 위에 놓여 있다.

이 식당은 1950년 생선마켓에서 출발해 1968년 마켓 바로 옆에 문을 열었다. 현재 31개의 체인점에서 40여 종이 넘는 신선한 해산물을 제공하고 있다. 스팀에 찐 싱싱한 랍스터를 먹으며 어떤 핵심 역량 때문에 리갈 식당이 장수하는지 생각해보았다. '생선의 신선함을 관리'하는 것에 답이 있다. 홈페이지에 접속해보면 '정말 신선한 생선, 왜 10마리의 생선 중 9마리가 선택될 수 없는지 알아보세요About Really Fresh Fish, why 9 out of 10 fish can't get in'라는 카테고리를 따로 운영할 정도다.

유럽 출장길에 가장 많이 들르는 도시는 아마도 독일의 프랑크푸르트일 것이다. 프랑크푸르트에서 꼭 들르는 식당은 돼지고기 모둠 요리 '슈바인스학세'가 주 메뉴인 '아돌프 바그너'다. 프랑크푸르트의 대표적 맛집으로 자리 잡아 현지인은 물론 전 세계 관광객들 사이에서도 인기 만점인 곳이다.

원래 사과와인 공장이었던 곳을 1931년에 식당으로 바꿨다. 줄을 서서 차례를 기다리며 식당의 분위기를 살펴보면, 빼곡히 놓인 의자에 사람들이 어깨를 부딪칠 정도로 항상 만원이다. 맥주는 팔지 않는다. 오직 시큼한 사과와인과 이에 곁들일 전통 돼지고기 모둠요리만 판다.

이 식당이 지속가능경영을 해온 비결은 '지역의 전통성'을 핵심 역량으로 선택한 데 있다. 독일 프랑크푸르트에 가서 그 지역의 전통 요리를 먹고 싶은 마음이 들 때 찾는 대표적인 장소로 자리매김한 것이다.

영속하지 못하는 기업이 좋은 평가를 받을 수는 없다

기업의 2세, 3세 후계자나 임원들에게 특강을 할 기회가 있을 때 "가업의 승계자로서 또는 임원으로서 여러분의 첫째 책무는 무엇이며, 가장 이루고 싶은 목표는 무엇입니까?"라고 묻는다. 많은 유형의 응답이 있지만 기업의 미래를 짊어진 리더들이 빼놓지 않고 하는 답이 있다. 영속성 즉 '장수기업을 향한 꿈'이다.

아무리 훌륭하고 좋은 기업도 사라지고 없다면 무의미하다. 살아남아야 경쟁도 할 수 있고, 사회공헌도 할 수 있지 않은가. 그만큼 기업의 영속성을 이어가는 것은 중요하며, 그런 기업과 CEO만이 역사상 좋은 평가를 받을 수 있다.

앞서 예를 든 식당들은 장수기업으로서 그들만의 전략과 비결을 갖고 있다. 그 식당들은 좋은 재료를 써서 맛있는 음식을 만든다는 기본 외에도, 오래도록 사람들이 사랑하고 즐겨 찾을 수밖에 없는 남다른 매력 포인트를 갖고 있는 것이다.

하물며 식당도 이럴진대 기업이 장수하기 위한 자신만의 전략을 갖고 있지 않다는 건 상식 밖의 일이다. 단순한 부의 창출을 넘어 영속하는 기업이 되기 위한 핵심 역량이 무엇인지를 생각해보자. 다른 기업에는 없지만 우리 기업에는 있는 것, 거기서 해답을 찾아야 한다. 기회가 된다면 장수 식당들의 맛있는 요리를 음미하며, 그들의 성공 비결에서 영감을 얻어보자.

기업의 미래를
좌우하는
준비된 후계자

CEO의 가장 중요한 책무 중의 하나는 후계자의 육성이다. 후계자를 육성하는 데서 경영의 꽃이 피어나고, 훌륭한 후계자에게 과거의 유산을 인계하는 데서 경영의 열매가 맺는다.

기업의 흥망성쇠는 준비된 후계자의 유무에 달려 있다

마이크로소프트는 여러 분야에서 성공을 거둔 것 못지않게 여러 분야에서 뒤처지기도 했다. 한동안 PC 판매는 정체되었고 모바일 부문은 상당히 뒤떨어졌다. 그러나 2014년 사티아 나델라가 CEO로 취임하며 마이크로소프트는 체질 개선에 나섰으며, 다시 전성기 때의 시장 가치를 회복했다. 여기에는 어떤 비결이 숨겨져 있는 걸까?

사티아 나델라가 준비된 리더였다는 것이 그 비결 중 하나다. "사람이든 조직이든 사회든 스스로 새로고침을 해야 하는 순간이 찾아온다. 그 순간이 오면 다시 열정을 불러일으키고 새로운 마음으로 목표를 재설정하고 치열하게 고민해야 한다." 취임 후 그가 한 말이다.

그는 바닥부터 모든 것을 뜯어고치는 혁신 대신 마이크로소프트가 가장 잘하는 것에 집중하되, 필요한 부분을 개선하는 '새로고침 전략'으로 놀라운 성과를 냈다. 그럴 수 있었던 것은 그가 마이크로소프트에서 22년간 일한 사람이었기 때문이다. 자기네 회사가 무엇을 가장 잘하는지, 무엇이 문제인지, 무엇을 새로고침해야 할지 명확히 알고 있었던 것이다.

최근에는 사티아 나델라의 후계 구도가 제대로 힘을 발휘해 기업이 체질을 개선하며 성장세로 전환되고 있다.

지난 100년 동안 세계에서 가장 성공적으로 최대 기업의 자리를 지켜온 GE의 후계자 양성 프로그램과 성공적인 인수인계 과정은 늘 좋은 모델이 되어왔다. 하지만 한 세기 동안 후계자 선정에 성공한 GE도 최근에 어려움을 겪고 있다고 한다. 후계자의 선정을 통해서 회사의 지속가능성을 유지하는 것이 얼마나 어려운지를 보여주는 단적인 사례다.

덴마크에 모사를 둔 그런포스 그룹의 한국 법인 창립 CEO로 부임한 지 얼마 되지 않았을 때였다. 그룹 본부에서 CEO와 주요 핵심부서 책임자의 '후계자 계획'을 제출하라는 공문을 보내왔다. 이제 막

취임했는데 이게 무슨 상황인가 싶어 의아해했던 기억이 아직도 생생하다.

우리나라 기업에서는 찾아보기 힘든 문화라 당시에는 당황했지만, 지나고 보니 무척이나 훌륭한 문화다. 그날 이후 누구를 후계자로 선정하고, 어떻게 경쟁력 있게 키울지를 20년 이상 고민하고 준비해왔다. 그리고 그러한 꾸준한 준비 덕분에 성공적으로 후계자에게 인수인계를 할 수 있었다.

가끔 글로벌 기업과 한국 기업의 차이점이 무엇이냐는 질문을 받는다. 그럴 때면 나는 '후계자 양성 계획'을 이야기한다. 세계 일류 글로벌 기업이 되고 치열한 경쟁에서 살아남아 성장을 지속하려면 현재에만 충실해선 안 된다. 현재에 발을 딛고 있되 미래를 내다보려면, 뛰어난 후계자 양성 프로그램을 미리 준비할 필요가 있다.

우리는 역사에서 수많은 기업의 흥망성쇠가 준비된 리더의 유무에 달려 있음을 배웠다.

철저히 준비된 후계자가 있는 조직의 미래는 다르다

기업이나 국가의 리더가 되려면 여러 가지 역량이 요구된다. 그중 가장 중요한 덕목으로 손꼽히는 것은 리더로서의 품격과 자질이며, 그것을 바탕으로 한 경영철학이나 국가관이다. 더불어 조직의 먼 미래를 내다보고 비전을 제시할 수 있는 안목과 통찰력, 글로벌 네트워크도 필요하다.

하지만 이뿐만이 아니다. 급변하는 세계 정치, 경제, 과학기술과 같은 외부 환경 변화에 대한 포용력과 대처 능력도 중요한 역량으로 꼽힌다.

새로운 정부가 들어설 때마다 잘못된 인선 과정과 결과가 연일 뉴스로 보도되는 것을 보며 이런 생각을 더욱 많이 하게 된다. 과연 대한민국의 5년 후, 10년 후, 20년 후의 준비된 대통령 후보는 누구일까? 어떤 인재가 나라를 이끌지, 훌륭한 인재들이 후계자로서 준비를 제대로 하고 있는지 궁금하다.

선진 기업이나 국가를 보면 다양하고 수많은 인재 풀을 바탕으로 훌륭한 후계자를 키우고 있다. 산업을 선도하는 기업에서는 '글로벌 인재 양성 프로그램Global Talent Program'을 통해 전 세계의 인재를 엄격한 선별 과정을 거쳐 선발한다.

거기서 끝이 아니다. 수년간 별도의 인재 양성 과정을 거친 후 글로벌 시장의 주요 보직에서 경험을 쌓게 하고 CEO가 되기까지 치열한 후계자 경쟁을 벌이게 한다. 선진국의 세계적인 대학들은 학교 교육 과정에도 리더가 갖춰야 할 '역사' 과목과 '기업윤리' 과목 등 기본 덕목이 필수 과목으로 지정되어 있다.

중국의 지도자 선정 과정이나 미국의 대통령 선거 과정을 지켜보면서 반면교사의 깨달음을 얻는다. 우리도 미래를 짊어지고 갈 훌륭한 인재를 키워내기 위해 각별한 노력을 해야 한다. 미국의 대통령 선거가 끝난 직후 〈타임〉은 4년 후의 대선에 출마할 가능성이 있는 대통령 후보자에 대한 기사를 크게 보도했다. 이것을 보고 후계자가 얼마나 중요한지를 인식시켜주는 좋은 예라고 생각했다.

CEO나 국가의 리더가 성공적으로 책무를 수행하고 은퇴한 뒤, 일말의 공백도 없이 그 자리를 대체할 준비된 후계자는 필수적이다. 후계자가 준비되지 않은 기업과 국가의 미래를 생각하면 그 위태로움에 아찔한 마음이 들 정도다.

장수
CEO

chapter 6

장수 CEO는
어떻게
만들어지는가

기업과 조직이 발전하기 위해서는
거시적인 안목을 토대로 장기적인 전략을 수립하고
실행해야 한다. 그러기 위해서는 최고경영자에게도
그동안 습득한 경험과 통찰력을 통한 전략을 실행하고
리더십을 발휘할 수 있는 시간, 즉 여유 있는 임기가 필요하다.
그러나 임기만 확보한다고 되는 것은 아니다.
중요한 것은 조직의 미션과 비전을 명확히 하고,
지속 발전할 수 있는 전략과 전술을 펼치는 것이다.
이때 리더의 태도, 자질, 역량이 뒷받침돼야 함은 당연하다.

22년
경영계약서에
사인하다

88올림픽을 기점으로 우리나라에서는 글로벌 무대를 향해 시장을 개방하는 '세계화'의 움직임이 일고 있었다. 그리고 이에 호응하여 많은 글로벌 기업들이 한국 진출을 시도했다.

그런포스 그룹 역시 1989년 한국 진출을 결정했다. '한국 CEO 모집공고'를 내자 무려 250여 명이 지원했다. 해리 페넬 아시아 태평양 지역 사장이 사전 검증과 면접을 직접 한 뒤, 나를 포함한 4명이 최종 후보에 올랐다. 그리고 마지막에는 2명으로 압축했다. 나는 최고경영진과의 최종면접을 위한 자리에 초청을 받았고, 1989년 가을 그런포스 그룹 본부가 위치한 덴마크의 작은 시골 마을인 비에링브로로 가기 위해 출국했다.

사람 중심의 경영철학이 만들어낸 기업문화

비에링브로에 도착한 나는 오전에 거대한 규모의 생산 시설을 돌아보고, 그런포스 그룹의 인사 담당 수석 부사장인 피터 비스트루프의 안내로 면접 준비를 했다. 챕터 3에서 말했듯이 그 설문지는 한국어로 쓰여 있었다. 30년 전 그것도 북유럽의 한 시골 마을에 있는 사무실에서 한글로 된 설문지를 내놓는 건 이례적인 일이다. 이는 해외 진출시 현지 문화를 존중하는 그런포스 그룹의 기업문화를 엿볼 수 있는 강렬한 첫 번째 경험이었다.

오후에는 그룹 회장과 수석 부회장 등 모든 최고 경영진이 참여하는 가운데 다섯 시간이 넘는 고강도 면접을 실시했다. 자회사의 경영을 낯선 외국인에게 맡기기 위하여 철저히 검증하고 있다는 느낌을 강하게 받았다. 모든 세부사항에 대한 질문이 오가는 진지한 면접은 커피 브레이크 타임을 몇 번씩 하면서 오후 내내 진행되었다.

면접 후 약 3주 남짓 지나서 나는 최종 합격이라는 통보를 받았다. 그리고 경영계약서를 검토하면서 한국에 최초로 진출하는 회사인 만큼 내가 자본금의 반을 투자하는 합자 투자를 제안했다. 그러나 그런포스 그룹은 전 세계 모든 자회사의 지분을 지주회사와 재단이 100퍼센트 소유하고 있고 일부라도 타인에게 소유권을 주지 않는다고 했다. 그러면서 38세였던 나에게 지분 투자 대신 60세까지 종신계약을 하는 게 어떠냐고 제안했다. 그때까지 나는 그 어디에서도 종신 경영계약서를 썼다는 얘기를 들은 적이 없었다. 그런데 나에게 그런 기회가 찾아온 것이다.

나는 그런포스 그룹의 '사람 중심'의 경영철학과 기업문화에 매우 깊은 인상을 받은 상태였으므로 60세 되는 해의 날짜까지 못 박아서 22년간의 경영계약서에 서명했다.

결과적으로 보면, 이 계약서는 나와 그런포스 그룹 모두에게 성공을 안겨주었다. 나는 그 기간을 3년 이상 연장하여 25년이 넘도록 CEO로 일한 뒤 명예롭게 은퇴했다. 더불어 한국그런포스펌프도 그 기간 동안 놀라운 성장을 이뤄냈다.

내 경험에 비춰보면, CEO에 대한 안정적인 임기 보장은 실보다는 득이 훨씬 많다.

첫째, 장기 전략의 수립과 실행이 가능하므로 창업자Founder의 철학이나 기업의 목적Purpose과 이념Mission, 그리고 핵심가치Core Value를 조직의 DNA가 되도록 정착시킬 수 있다.

둘째, 조직을 안정적으로 성장시킬 수 있다. 우리나라 대기업 CEO들의 대부분은 매년 연말이 되면 자신의 자리에 불안을 느낀다. 그러다 보니 단기적인 성과를 낼 수 있는 전략을 수행하는 경우가 많다. 또 리더가 자주 바뀌고 전략의 일관성이 없으면 조직이 불안정해지고 시장에서 경쟁에 취약해진다. 반면 임기가 보장되면 리더가 자주 바뀌면서 발생하는 업무의 공백이 없고, 먼 미래를 내다보는 장기 전략의 성과를 높일 수 있다.

셋째, 조직 내부뿐만 아니라 외부 고객이나 협력업체들까지 미래에 대한 예측성Predictability과 투명성Transparency을 확보할 수 있다. 공고한 팀워크와 파트너십에 따라 전략을 실행해나가기 때문에 훨씬 큰 시너지를 발휘할 수 있다.

1989년 내가 한국그런포스펌프의 창립 CEO로 취임했을 때는 정말 아무것도 없었다. 처음 몇 달은 삼성동 무역센터에 있는 공유 오피스에 책상 하나를 얻어서 업무를 시작했다. 그 후 25년이 지난 현재는 우리나라에 3개 회사 3개 공장이 운영되고 있다. 나아가 대통령 표창을 수상하고, 펌프 산업계 최초이자 유일한 은탑산업훈장을 수훈했다. 또한 덴마크 왕실의 헨릭경 훈장까지 수훈했다.

현지 시장은 현지인 대표에게 맡긴다

56개국에 83개 자회사를 둔, 덴마크의 세계 최대 펌프 회사인 그런포스 그룹의 '현지화'에는 기본 원칙이 있다. '해외 자회사 대표는 현지인을 채용하고, 그의 판단과 현지 문화를 존중하고 지원한다'는 것이다.

이러한 원칙의 목적은 현지 고객의 요구에 만족할 만한 전략과 서비스를 제공하기 위해서다. 이를 위해 R&D, 디자인, 브랜딩과 같은 글로벌 전략은 그룹 본부가 수립하고, 그 외의 부분은 현지 대표들이 현지 사정에 맞는 리더십을 발휘할 수 있도록 권한을 위임한다. 또한 그룹 본부와 현지 대표는 수시로 전략적 아이디어를 교환한다.

물론 글로벌 기업이 모두 그런포스 그룹 같지는 않다. 그런포스처럼 세계화와 글로벌화를 넘어서 현지화까지 완성한 기업은 많지 않다. 글로벌 본부가 방침과 전략을 정하면 현지 자회사들은 그것을 그대로 수용하는 다국적 기업이 적지 않다. 반면 그런포스 그룹은 자본과 기술은 그룹 본부에서 적극 지원하되 경영은 현지 대표가 실행한다.

매년 두 번 열리는 사장단 회의를 한 번은 덴마크 그룹 본부에서 또 한 번은 해외 자회사에서 돌아가며 개최하는 것도 독립성과 자율성을 보장하는 그런포스의 기업문화와 경영방침이 반영된 것이다. 사장단 회의에 참석할 때는 각국의 국기를 현지 사장들의 인식표로 활용한다. 세계 각국의 다양한 국적을 가진 CEO들이 모이기 때문에 마치 유엔 본부 회의를 연상케 한다.

'사람 중심Focus on People'이라는 그런포스의 핵심가치를 기반으로 한 22년의 경영계약은 내가 장기적인 계획을 세우고 원대한 목표를 달성할 수 있었던 원동력이었다.

CEO가 반드시 책임져야 할 두 가지

기업이 철학과 의지를 갖고 CEO를 믿는다면, CEO도 다음의 두 가지를 반드시 책임져야 한다. 손익계산서의 톱 라인인 매출과 보텀 라인인 이익이다. 비즈니스 세계에서 CEO들이 자주 바뀌는 건 이 둘을 책임지지 못하기 때문이다. 22년간의 종신 계약서가 있어도

CEO의 기본 책임은 면제받을 수 없다. 매출이 성장하지 못하고 이익이 창출되지 못하면 기업은 넘어지고 만다.

CEO로서 25년이 넘는 기간 동안 일을 할 수 있었던 것은 다음 사항들을 지켰기 때문이다.

첫째, 이사회나 주주가 기대하는 것 이상의 실적을 달성Delivering Outstanding Results했다. 둘째, 덴마크 그룹의 최고 경영진과 효과적인 의사소통Effective Communication을 하면서 글로벌 네트워크Global Network를 구축했다. 셋째, 전쟁에 차선이 없듯이 오너와 같은 주인의식Ownership으로 경영에 최선을 다했다. 넷째, 전문경영인으로서의 분수를 지키고 조직의 투명성을 유지했다. 무엇보다 내가 장수 CEO로 있었던 것은 고객, 주주, 임직원 사이의 링킹핀으로서 공정성과 균형을 지킨 결과라고 생각한다.

은퇴 후에 좋은 기회가 있어 우리나라 중견기업 회장님들 20여 분과 함께 덴마크의 그런포스 그룹 본부를 방문했다. 영빈관에 묵으며 생산 시설, R&D센터, 연수원 등을 방문했고, 심지어 그룹 회장의 사저에도 초대를 받았다. 고마운 것은 그룹의 닐스 듀 옌슨 회장이 하루 종일 우리 일행을 직접 안내해 주었다는 점이다. 그런 일은 그런포스 그룹 역사상 처음 있는 일이라고 들었다.

공부하는
CEO가
성공하는 이유

우리의 과거는 박물관에 있고, 예측 불허의 변화 속에서 현재를 살며 일하고 있다. 작년에 실리콘밸리에 위치한 아마존 물류센터 Amazon Fulfillment, 코닝Corning, 자빌Jabil, 애플Apple, 휼렛패커드Hewlett-Packard, 플러그앤플레이PlugandPlay를 방문하면서 수많은 스타트업들의 열기를 느꼈다. 또한 기존의 성공한 기업들이 미래를 준비하는 모습에서 많은 감명을 받았다.

핸디캡이 없는 글로벌 무대의 현장을 보았는데, 특히 휼렛패커드 회사 로비의 전광판에서 '미래는 빠른 속도에 달려 있다Tomorrow belongs to the fast!'라는 표어를 보고 많은 충격을 받았다.

최근에는 미국의 서북부에 있는 시애틀과 포틀랜드 지역을 방문하여 마이크로소프트Microsoft, 아마존Amazon, 보잉Boeing, 스타벅스

Starbucks, 인텔렉츄얼 벤처스Intellectual Ventures, 나이키Nike 등 6개 회사의 글로벌 본부를 방문하여 그들의 전략과 기업철학에 대하여 토론하였다.

배움에는 끝이 없다

이처럼 세계의 산업을 이끌고 있는 글로벌 기업을 방문하여 생생한 현장 학습을 하다 보면, 깜짝 놀랄 만한 자극을 받는다. 심지어 감동으로 이어지기도 한다. 무엇보다 기업을 경영하는 CEO로서 새로운 것을 익히고 배우는 공부를 계속하지 않으면 안 되겠다는 생각이든다.

학교를 졸업하는 순간 공부가 끝난다고 생각하는 이들이 많은 듯하다. 그래서인지 많은 임직원들이 지속적인 학습을 하지 않아서 10년전 20년 전의 지적인 수준에 머물러 있으며, 미래지향적인 판단을 어려워하는 모습을 보아왔다. 학교를 졸업한다는 것은 오히려 '평생학습'의 시작을 의미한다. 특히 기업의 임직원이라면 남들보다 배움에 더 열정적이어야 함은 두말할 필요가 없다.

그렇다면 공부란 무엇일까? '불확실한 미래를 개척하기 위한 지혜와 통찰력을 습득하는 과정이다. 과거를 헤아리고 현재와 미래의과제에 대한 판단력과 의사결정력 그리고 창의력을 제공한다'라고내 나름으로 정의를 해보았다.

최진석 교수는 '왜 배우는가'에 대하여 "내가 더 완성하고 싶을 때 아직 갖춘 것이 부족하다는 자각으로부터 배움을 시작하며, 배움은 생존의 질과 양을 증가시키고 자유로움과 주도적인 통제력을 갖게 한다"라고 정의한다.

현대 경영학을 창시하고 세계적인 CEO들을 코칭한 경영의 그루인 피터 드러커는 "나는 평생 동안 끊임없이 배우길 원했고, 원하는 바를 이루기 위해서도 평생 계속해서 가르칠 필요가 있었다"라고 평생 학습, 평생 가르침에 대해 회고했다. 나 역시 그들의 생각에 동의한다.

글로벌 기업의 경영에 참여하는 동안 나는 스위스의 국제경영개발대학원IMD, 영국의 애슈리지경영대학원, 미국의 스탠퍼드대학교와 같은 세계적인 대학의 CEO 프로그램에 참여할 기회가 있었다. 산업을 대표하는 글로벌 기업의 경영자들과 열띤 토론을 하고 세계적인 석학들의 강의를 들었던 그때, 나는 평생 학습은 CEO의 기본 덕목이라고 생각했다. 그리고 그 생각을 평생 실천해오고 있다.

아침을 깨우는 CEO들의 학습

평단지기(平旦之氣)는 사물과 접하지 않았을 때의 청명한 기운을 이른다. 활기찬 기운이 태동하는 이른 아침 6시 30분 정도가 되면 24시간을 쪼개 쓰는 CEO들이 공부하러 모이는 장소에는 자동차들로 붐

빈다. CEO들은 각종 협회와 경제연구소, 그리고 조찬모임에서 다양한 강의를 듣거나 혁신과 창의에 대한 최신 정보를 습득하여 경영전략을 구상한다.

우리나라에서 가장 일찍 시작하는 CEO 학습 모임은 아마 새벽 6시 30분부터 진행되는 EMAEarly Morning Academy의 동양철학 시간일 것이다. 《논어》, 《맹자》, 《대학》, 《중용》, 《노자》, 《장자》, 《심경》 등을 원문으로 공부하는 EMA에서는 리더로서 갖춰야 할 호연지기와 인생의 근본이 되는 '인, 의, 예, 지, 신'의 깨달음을 체화하여 기업 경영의 방향과 사회적 책임에 대한 철학적 근본을 터득하는 것을 목적으로 한다. 반세기가 넘도록 지속된 능률협회의 조찬회는 매달 500명이 넘는 CEO가 모인다.

반세기 전만 해도 세계에서 가장 가난했던 대한민국을 선진국 대열에 진입시키며, 한강의 기적을 일으킨 원동력 가운데 하나로 CEO들의 이런 '끊임없는 학습'을 꼽을 수 있지 않을까.

언제부터인가 한류가 전 세계에서 환영받고, 한국인이 유엔 사무총장으로서, 세계은행 총재로서 글로벌 리더십을 발휘하고 있다. 지금과 같은 발전과 풍요는 하루아침에 이루어진 것이 아니다. 후진국의 열악함을 극복하고 선진국 대열에 올라서려는 국민적 열망과 교육열이 오늘의 모습을 이뤄냈다.

그리고 그 연장선상에 있는 CEO들의 지칠 줄 모르는 학습열이 국내 기업을 진정한 세계 일류 기업으로 성장시켜 우리나라의 경제 발전을 이끌었다고 생각한다. 주변을 둘러보면 이미 성공을 이룬 CEO

들이 지금 더욱더 열심히 공부하는 모습을 확인할 수 있다. 그 CEO
들의 학습력은 현재를 넘어 진정한 선진대국의 꿈을 이루는 디딤돌
이 될 것이라고 믿는다.

끊임없이 새로운 것이 쏟아지고, 시시각각 변화하는 시대를 빠르
게 읽고 먼저 앞서가지 못하면 금세 낙오할 수밖에 없다. 그런 의미
에서 스마트폰을 먼저 개발하고도 도산한 노키아나 카메라 필름 세
계를 지배했던 코닥의 몰락은 우리에게 크나큰 교훈을 준다.

경영자가
되새겨야 할
'삼지'의 교훈

《논어》의 마지막 장 마지막 문장은 "부지명 무이위군자야(不知命 無以爲君子也), 부지례 무이입야(不知禮 無以立也), 부지언 무이지인야 (不知言 無以知人也)"다.

이를 풀이하면, "천명을 알지 못하면 군자가 될 수 없고, 예를 알지 못하면 입신할 수 없고, 말을 이해하지 못하면 사람을 알아볼 수 없다"는 뜻이다. 지명(知命), 지례(知禮), 지언(知言)의 삼지(三知)가 동양 고전의 기본서인《논어》의 마지막 문장으로 채택된 이유는 무엇일까?

삼지(三知)를 아는 경영자는 무엇이 다른가

일을 할 때나 사람을 만날 때, 혹은 인생이나 경영에 있어서 중요한 결정을 할 때 커다란 지침으로 삼는 것이 바로 이 문장이다. 내가 장수하는 CEO가 될 수 있었던 것도 최고경영자로서 이 문장을 실천하기 위한 노력을 경주한 결과라고 생각한다. '삼지'를 보다 구체적으로 살펴보자.

첫째, 지명은 '자신의 운명을 안다는 것, 즉 본인의 소임과 정체성을 확고히 하고 처신해야 한다'는 것이다. CEO라면 고객과 주주, 임직원을 위한 중심점에서 해당산업과 기업의 사회적 책임을 위하여 기업가정신을 실현해야 한다.

정치 지도자라면 국가관을 확고히 하여 국민과 국가를 위해 헌신하는 진정성 있는 리더십을 발휘해야 한다. 그리하여 기업이나 국가의 100년 후 미래를 대비한 비전을 제시할 필요가 있다.

스포츠인이라면 최선을 다해 정정당당하게 경기에 임하는 스포츠맨십을, 교육자라면 미래의 주역인 학생들을 보다 나은 인재로 성장시킬 수 있는 교육관을 가져야 한다.

주변을 돌아보면 지명을 잊은 채 본인의 소임을 망각하는 사례를 적지 않게 볼 수 있다. 사회 지도층이 각종 비리에 휩쓸리며, 교육자가 정치에 몰입하기도 하고, 스포츠 경기에서 승부 조작이 일어나는 일이 보도되곤 한다. 모두 본인의 소명의식을 망각하기 때문에 일어나는 일이다. 자기의 운명을 알지 못하면 진정한 리더가 될 수 없다.

둘째, 지례는 '예의를 지키고 그에 맞는 행동을 해야 한다'는 의미다. 우리나라는 예로부터 '동방예의지국(東方禮儀之國)'이라 불렸다. 예의를 잘 지키는 나라, 존중과 배려의 정신이 전통적으로 자리 잡고 있는 나라라는 의미다.

그러나 요즘 많은 사람을 만나고 매스컴에 오르내리는 뉴스를 보다 보면 그에 걸맞지 않는 무례한 언행을 종종 접한다.

정치 지도자들이나 경영자들의 예의에 어긋난 행동은 자신들의 사회적 리더로서의 생명을 단축시키는 계기가 되기도 한다. 그러므로 장수하는 CEO에게 고객과 주주, 임직원에 대한 예의는 가장 기본이 되는 덕목일 것이다. 예의를 알지 못하면 사회적으로 성공을 할 수 없다.

마지막으로 지언은 '말을 적절하게 하고 들을 줄 아는 소통 능력'으로 해석할 수 있다. '말 한마디로 천 냥 빚을 갚는다'는 속담처럼 말로 큰 이득을 취하는 사람이 있는가 하면, 반대로 큰 손해를 보는 사람도 있다. 유명 인사나 연예인이 '말 한마디' 때문에 이미지에 큰 타격을 입어 활동을 중단하는 경우도 그 대표적인 예다. 의사소통을 잘하지 못하면 사람을 알아볼 수 없다.

경영인에게 있어서 소통 능력은 아무리 강조해도 지나치지 않은 덕목이다. 오늘날 고객들의 목소리에 귀를 기울이고 임직원들과 소통하기 위해 회사 내에 여러 가지 제도를 마련하려는 CEO들의 노력이 계속되는 것은 바로 이 때문이다.

삼지를 경영의 근간으로 삼아야 할 이유

다시 처음 질문으로 돌아가 보자. 삼지가 《논어》의 마지막 문장으로 채택된 이유는 무엇일까?

삼지를 되풀이하여 음미해본 나의 결론은 공자의 이 말씀이 어떤 상황에 처하건 적절한 교훈이 되기 때문이라고 생각한다.

이는 경영자에게 고객과 임직원을 대할 때 경영자로서 "맡은 바 본분을 다하고 있는가?", "예의를 갖추고 있는가?", 그리고 "적절한 언행을 하고 있는가?"를 돌아보게 해준다.

또한 정부나 정치 리더에게는 "리더로서의 국가관과 사회적 소명 의식을 갖고 있는가?", "국민에게 예의를 갖추고 있는가?", 그리고 "적절한 언행을 하고 있는가?"를 끊임없이 고민하고 실천하게 한다. 즉 삼지는 각자의 자리에서 스스로를 돌아볼 수 있는 기준이 되어준다.

기업의 최고경영자, 즉 CEO는 대외적으로 고객 및 사회에 영향력을 행사하고 대내적으로는 임직원과의 관계에서 리더십을 발휘한다. 이를 통해 중요한 의사결정의 결과에 대하여 사업적, 법적 책임을 지는 중요한 직책이다.

그뿐 아니다. 이들은 사회를 이끄는 중요한 리딩 그룹의 일원이기도 하기에 그 영향력을 무시할 수 없다. 최고경영자들이 어떤 경영 철학을 갖고 있는지, 역량과 자질이 어떠한지에 따라 기업의 지향점과 미래가 달라진다. 그것이 사회나 국가에 미치는 영향력 또한 상당하다. 그러니 최고경영자가 기업을 경영하면서 삼지를 근간으로 삼는 것은 중요한 일이다.

창업정신과
장수 CEO

현재 우리나라의 대표 기업들은 역사가 깊어지면서 주로 창업자의 2세나 3세들이 CEO가 되어 핵심적인 경영을 실행하고 있다. 나는 오랜 세월 많은 창업자의 2세나 3세 경영자들을 만나보았다.

대부분의 2세 경영자들은 창업자의 정신을 이어받아 최선을 다해 모범적인 경영을 하고 있으나, 가끔 소수의 창업자 3세들의 경우는 잘못된 행동으로 인해 사회적인 물의를 일으켜 뉴스화되는 경우가 있다. 아마도 창업자 3세, 4세로 내려가면서 창업정신이 희석되고, 공부와 경험이 부족한 상태에서 회사의 경영을 맡게 되어 일어나는 일이 아닌가 싶다. 이는 건강한 기업과 사회를 만들기 위해서는 반드시 보완되어야 할 문제다.

창업 정신을 계승할 방법

그렇다면 창업 정신을 계승할 수 있는 방법은 무엇일까? 내 나름으로 고민해본 해결책을 제시해본다.

첫째, CEO 자리를 승계하기 위해서는 반드시 검증 과정을 거쳐야 하고, 검증 과정에 통과된 사람만이 승계할 수 있도록 기업 스스로 제도를 마련해야 한다.

덴마크 그런포스 그룹의 2세 경영자인 닐스 듀 옌슨 회장의 집을 방문한 적이 있다. 공교롭게도 그때가 회장의 70세 생일이라서 아시아 태평양 지역 사장을 하고 있던 3세도 그곳에 와 있었다. 자연스럽게 3세의 회장 자리 승계 문제가 화제에 올랐다. 이에 대한 회장의 생각은 매우 명쾌했다. 기업의 회장직 승계는 회장 본인이 하는 것이 아니고 이사회의 의결을 거쳐서 3세가 능력이나 인품에 대해 인정받았을 때만 가능한 일이라는 것이다.

회장의 70세 생일 날, 비에링브로 마을의 주민 2,000명은 쌀쌀한 날씨에도 불구하고 저녁에 횃불을 들고 1~2킬로미터의 거리를 행진해 와서 그의 집 앞에서 생일 축하 노래를 불러주었다. 회장의 가족들은 많은 축하객들을 위해서 따뜻한 차와 간식거리를 준비해 대접했다. 오너 경영자에 대한 존경심이 느껴지는 감동스러운 장면이었다.

둘째, 정밀하게 설계된 후계자 양성 과정이 반드시 필요하다고 생각한다. 곁에 경영 코치를 두고 주기적으로 코칭받을 것을 제안한다.

《맹자》〈이루편〉에서는 자식의 교육에 관하여 '고자 역자이교지 (古者 易子而敎之)'라 했다. 이는 '옛날에 군자는 아버지와 자식 간의 정리상(情理上) 자식을 직접 가르치지 않고 서로 바꿔서 가르쳤다' 는 뜻이다. 우리나라 오너 회장들 중에는 훌륭한 최고경영자들이 참 으로 많다. 그러나 자식 교육은 경영과는 다른 문제다. 《맹자》에서 이야기하듯이 외부의 도움, 즉 후계자들로 하여금 경영 코치를 받을 것을 권한다.

잭 웰치와 같은 세계적인 경영자도 개인적으로 경영 코치를 두고 코칭을 받았다. 미국이나 유럽의 수많은 CEO들이나 핵심 매니저들 도 마찬가지다. 그러나 우리나라는 코칭에 대한 시간적, 재정적 투 자에 상당히 인색한 것이 사실이다. 훌륭한 경영자가 되기 위해서 는, 그리고 경영자가 된 후에도 주기적으로 전 인격적인 코칭이나 멘 토링을 받아야 한다. 이는 자신을 점검할 수 있는 최고의 방법이다.

셋째, 경영 승계 이전이라면 일본의 마쓰시타 정경숙이나 우리나 라의 건명원과 같은 과정을 이수하는 것도 좋은 방식이다. 마쓰시타 정경숙은 1년 동안 집단생활을 한다.

그 기간 중 가장 중시하는 것은 청소와 다도(茶道), 그리고 100킬 로미터 행보다. 이를 통해 자기 절제 능력과 경영관, 극기 능력 등을 배양한다. 세계적인 교육기관의 단기 경영자 프로그램에 참가해서 글로벌 기업의 경영자들이나 핵심 매니저들과 대화를 나누고 네트 워킹을 하는 것도 좋다.

넷째, CEO뿐만 아니라 모든 임원과 핵심 매니저들의 수직적, 수

평적인 후계자 프로그램을 평소에 입안하고 실행해야 한다. 오너 경영자와 전문경영인이 시너지를 일으키는 후계 구도는 장수 CEO의 경영을 통해 장수기업으로 나아가는 좋은 토대가 될 것이다.

다섯째, 국내 및 해외의 본보기가 될 만한 히든 챔피언 기업이나 훌륭한 가문을 찾아 벤치마킹하는 것도 후계자 양성을 위한 좋은 방법이다. 우리나라에서 오랜 기간 큰 부자였던 경주 최 씨의 가훈인 '6훈(訓)과 6연(然)' 역시 좋은 본보기다.

창업자의 후손들이나 전문경영인들이 창업자의 훌륭한 창업정신을 이어받아 장수 CEO가 되고, 사회에서 존경받는 문화가 형성되길 기대한다. 존경받는 문화를 만드는 것이 본인들의 소명임을 깨닫고 실천한다면, 우리 경제계의 미래는 더욱 밝을 것이다.

조직의 리더에게
여유 있는 임기가
필요한 이유

두오모 대성당, 사그라다 파밀리아 성당, 톨레도 대성당. 이탈리아와 스페인을 방문했던 사람이라면 누구나 가 보았을 세계적인 건축물들이다. 나 역시 몇 년 전에 이탈리아와 스페인을 찾아 유네스코가 지정한 세계문화유산이기도 한 이 역사적인 건축물들을 돌아보았다. 규모의 웅장함과 예술적 아름다움 그리고 역사성은 물론이고 이 건축물이 얼마나 오랜 시간 동안 지어졌는지에 대해 새삼 놀라게 되었다.

400여 년간 지어진 두오모 대성당

밀라노의 '두오모 대성당'은 고딕 양식으로는 세계에서 가장 큰 건축물로 손꼽힌다. 섬세한 조각품 같은 135개의 첨탑과 화려한 스테인드글라스가 오래도록 눈길을 사로잡는 건축물이다. 이 대성당은 1386년에 짓기 시작해 1813년에 완공됐다. 무려 400년이 넘는 기간이다.

스페인 바르셀로나에 있는 가우디의 대표 건축물인 '사그라다 파밀리아 성당'은 1882년 건축을 시작해 지금까지도 계속 짓고 있는데, 아직 정문조차 완공되지 않았다. 가우디 사후 100주년이 되는 2026년에 완공될 예정이라고 한다. 유네스코가 지정한 세계문화유산인 톨레도 시내 중심에 장엄하게 자리 잡은 대성당은 1226년에 짓기 시작해서 1493년에 모습을 드러냈다.

인류가 만들어낸 세계문화유산의 대역사(大役事)는 단기간에(개인이나 정부의 임기에 맞춰) 건설된 것이 아니라 장기적인 계획에 따라 세대를 넘어서는 오랜 기간을 통해 만들어졌다. 당대에 모든 것을 이루려는 조급함을 버리고 몇 세기가 걸릴지라도 완벽한 최선의 결과를 얻기 위해 여유로움을 가진 결과, 이와 같은 대역사가 완성된 것이다.

건축물의 공기에 대해 생각하다 보니 조직을 운영하는 책임자의 임기에 대한 생각으로 자연스레 이어졌다. 긴 안목을 갖고 멀리 내다보며 건축물을 완성하듯 기업도 거시적이고 장기적인 전략으로 운영될 필요가 있다. 그러자면 CEO의 여유 있는 임기는 필수적인 조건이다.

여유 있는 임기가 큰 성과를 낳는다

미국 원자력 해군의 아버지라고 불리는 리코버 제독은 82세까지 무려 63년간, 해군장교로서 미국 역사상 가장 오랫동안 현역으로 복무했다. 그의 비전과 창의적 추진력은 오늘날 미 해군을 세계 최강의 원자력 해군으로 만들었다. 이는 미국의 의회가 리코버 제독의 정년 연장을 허가했기 때문에 가능한 일이었다.

글로벌 시대의 CEO에게도 그동안 습득한 경험과 통찰력을 통한 전략을 실현하고 리더십을 발휘할 수 있는 시간, 즉 여유 있는 임기가 필요하다. 기업의 CEO나 국가 기관의 리더에게 고작 1~2년 남짓에 불과한 임기 동안 큰 성과를 기대한다는 것은 사실상 불가능한 일을 원하는 것이다.

임기의 길고 짧음은 각각 장단점이 있겠지만, 우리나라는 보편적으로 임기가 너무 짧아서 그로 인한 사회적 비용과 전략적 자산이 낭비되는 것이 현실이다. 일 좀 하려고 하면 임기가 끝나버리고, 다음 리더는 또 자신의 전략으로 새로운 일을 벌이니 진행하던 일들의 맥이 끊기고 결과를 내지 못한다. 세대를 초월하는 오랜 기간을 통해 대역사가 완성되듯이, 리더들의 임기도 좀 더 길게 잡는 방향으로 변화할 필요가 있다.

한국에 주재하는 외교관들이나 글로벌 기업 한국 자회사의 CEO들을 만나보면 한결같이 우리나라의 문제점으로 꼽는 것이 '정책 일관성의 부재'다. 이들은 공공기관이든 사기업이든 중요한 직책의 인사가 바뀔 때마다 정책과 전략이 변해 이에 대응하기 어렵다는 고민을 털어놓는다. 미래 사업을 위한 투자 전략을 수립할 때 예측성이 몹시 낮아 어려움이 많다는 것이다. 이는 우리 스스로도 종종 느끼는 문제다.

아무리 능력이 출중한 사람이라도 짧은 기간 동안 장기적인 전략을 수립, 실행하여 만족할 만한 결과를 도출해내긴 어렵다. 물론 한자리에 오래 있으면 나태함과 부조리가 발생할 수도 있다. '고인 물은 썩는 만큼 주기적으로 인사이동을 시켜야 한다'는 주장도 일리는 있다. 하지만 잦은 인사이동으로 주요 업무의 연속성이 단절되고 예측성이 낮아지는 것 역시 심각한 문제를 야기한다. 특정 직무에 대한 적정 임기의 보장으로 일관성과 예측성을 높인다면 기업과 국가역시 큰 발전을 이뤄낼 수 있을 것이다.

22년의 경영계약으로 오랜 기간 대표이사를 맡았던 나의 경험을 돌아보면 이런 생각은 더 확실해진다. 첫 임기 10년이 지나면서 내부 조직이나 관련 산업 분야에 대한 깊이 있는 이해로 '지기(知己)'가 가능했다. 두 번째 10년이 지나면서 경쟁 기업들이나 글로벌 시장 상황을 파악할 수 있었고, 나아가 글로벌 인적 네트워크까지도 입체적으로 구축하면서 전후좌우를 볼 수 있는 안목과 판단력이 생겨 '지피(知彼)'가 가능했다.

이미 미국이나 유럽에서는 각 분야에서 적정 임기 보장으로 정책의 일관성과 예측성을 확보하고 있다. 또한 장기적 전략을 바탕으로 다양한 부문의 이해관계자들이 치열하게 투자하고 경쟁한다. 우리

도 적정한 임기 관리를 시스템화하여 전문적이고 경륜을 갖춘 인물
들이 장기적 전략을 실효성 있게 펼칠 수 있도록 해야 한다.

개인, 기업, 나라는 고유의 향기와 빛깔이 있다

2018년 '국제투명성기구Transparency International, TI'는 2017년 국가별 부패인식지수Corruption Perceptions Index, CPI를 발표했으며, 우리나라의 부패인식지수는 180개국 중 51위로 나타났다. 뉴질랜드 1위, 미국 16위, 일본 20위, 중국 77위, 180위 꼴찌는 소말리아다.

사람도 기업도 국가도 고유의 향기와 빛깔이 있다

경제협력개발기구OECD 순위에서는 35개국 중 29위를 차지해 지난해와 같았다. 한국의 부패인식지수는 2009년과 2010년 39위를 기록했으나 2011년에 43위로 내려간 뒤 2015년까지 40위권에 머물렀다. 2016년에는 52위로 대폭 하락했다.

권익위는 "CPI 51위는 우리나라의 국격이나 경제 수준에 비해 아직 낮은 수준이며, 국제사회에서 반부패·청렴은 국가경쟁력을 결정하는 중요한 요소로 작용하기에 범정부 차원의 강력하고 지속적인 반부패정책 추진이 필요하다"라고 강조한다. 이를 통해 알 수 있듯이 우리나라가 발전해온 속도나 현재의 위상에 비한다면, 국가청렴도는 굉장히 낮은 수준이다.

해외 출장이나 여행을 다니다 보면 유독 향기가 아름다운 사람들과 그들이 살고 있는 멋진 나라를 만나게 된다. 부패가 없고 정직한 덴마크·스웨덴·노르웨이와 같은 스칸디나비아 국가들이 대표적인 예다. 그러나 그곳에서 철도나 육로로 국경을 넘어가다 보면 향기와 빛깔이 훼손된 나라도 적잖게 보인다. 보이는 빛깔만으로도 어느 나라를 통과하고 있는지 알 수 있을 정도다.

우리나라는 어떠한 향기와 빛깔을 가지고 있는가? 우리나라는 국가의 행복지수가 상당히 낮은 반면 부패지수는 높은 편이다. 수치나 순위가 유일한 기준은 아니지만, 그럼에도 좋은 향기와 빛깔이 풍기는 나라라고 자신 있게 말하기에는 아직 부족하다.

향기 있고 품격 있는 개인이 되려면 정직해야 하고 맡은 바 일에 최선을 다해야 한다. 무엇보다 스스로에게 부끄럽지 않아야 한다. 사회, 기업, 국가도 마찬가지다.

기름진 땅의 노예와 거친 땅의 군주

오래 알고 지낸 선배 경영인의 부천 공장을 방문한 적이 있다. 공장 문을 들어서는 순간 정원이 너무도 정갈하고 아름다워서 휴대 전화로 사진을 여러 장 찍었다. 인상 깊은 정원 덕에 기분 좋게 회사 건물에 도착해 2층의 회장실에 들어서니 벽에 사훈이 걸려 있었다. '정리 정돈 – 몸과 마음과 주변을 정리하자'였다.

회사에 들어서자마자 모든 곳에서 느껴졌던 깔끔함의 배경이 뭔지 그제야 알게 됐다. 아름다운 향기와 빛깔을 가진 기업이란 생각이 저절로 들었다. 이 회사는 전쟁고아 출신의 창업주가 설립해 현재 세계 경영을 구현하며 훌륭한 기업의 반열에 올랐다. 단지 건물과 주변 환경을 잘 가꾼 데서 오는 느낌이 아니라, 그 기업의 뿌리와 토대를 이룬 경영철학이 외관으로 품어져 나왔던 것이다.

이처럼 깨끗하게 정돈된 아름다운 기업, 세계적인 명문 대학의 캠퍼스, 그리고 차별화된 도시에 발을 들여놓으면 덩달아 기분이 좋아지고 상쾌해진다.

20대 후반에 영업을 위해 사막에 있는 건설 현장을 찾아다니며, 또 오랜 기간 을의 CEO가 되어 수많은 기업들을 방문하며 깨달은 것이 있다. 어느 조직이나 그곳만의 '향기와 빛깔'이 있다는 것이다. 청렴하고 깔끔한 느낌, 음습하고 어두운 느낌, 나태하고 루즈한 느낌, 혁신적이고 자유로운 느낌, 불안하고 조급한 느낌 등, 숨길 수 없는 고유의 느낌이 공기를 통해 전해졌다.

신기하게도 뒷거래를 제안하는 등 '부패하여 상한 냄새'가 나던 곳은 거의 모두 시장에서 퇴출돼 더 이상 존재하지 않거나 곤경에 처해 있다. 기업이 바르게 경영되지 않고 부정과 부패로 얼룩진 데서 오는 악취가 결국 기업을 무너뜨린 것이다.

부정한 뒷거래를 하고, 품질을 저하시켜 단가를 낮추고, 고객과 거래처를 속이는 등 온당치 못한 방식이 당장에는 이익이 되는 것 같지만, 결국 부정적인 부메랑이 되어 자신이나 조직에 돌아오리라는 걸 기억해야 한다.

연세대학교의 김상근 교수는 '군주의 거울'이라는 강의에서 헤로도토스의 역사론을 인용하며 "기름진 땅의 노예가 될 것인가 아니면 거친 땅의 군주가 될 것인가"라는 질문을 던졌다. 기름진 땅의 노예로 살며 악취를 풍길지 아니면 거친 땅의 군주로 그만의 향취와 색을 남길지 우리가 고민해야 할 대목이다.

나에게
제1은
언제나 국가

외국에서 살면서 주재원 생활을 하거나 해외 출장을 많이 다니다 보면 의도하지 않아도 다른 나라와 우리나라를 비교하게 된다. 그리고 문득 내가 적을 둔 나라의 소중함과 감사함을 깨닫는다.

20대 시절 전 세계로 출장을 다니며 세일즈를 했는데, 당시 우리나라는 주로 노동 집약적으로 생산된 제품을 전 세계로 수출하고 있었다. 선진국으로 출장 갔을 때는 그 나라 사람들이 부러웠고, 후진국이나 오지를 다닐 때는 그들보다 빠른 속도로 선진국을 따라잡을 것 같은 우리나라의 가능성에 희망을 느꼈다.

그 후 뉴욕에 주재하며 현지법인장으로 일하면서는 세계로 뻗어나가는 한국의 발전과 변화에 뿌듯해졌다. 그리고 본격적으로 글로벌 기업의 경영에 참여하면서부터는 글로벌 무대에서 한국인의 역할에 대해서 많은 생각을 하게 되었다.

글로벌 무대의 외톨이로 있지 말고 함께하라

그런포스 그룹에서 1년에 두 번 내지 세 번씩 실행되는 세계 사장단 회의에 참여하며, 글로벌 무대에서 한국인은 참 외로운 존재라는 점을 종종 느꼈다. 왜냐하면 식사를 하거나 커피를 마실 때도 언어와 문화가 유사한 사람들끼리 그룹지어 대화를 나누곤 하기 때문이다.

예를 들면 영국, 캐나다와 오스트레일리아, 뉴질랜드를 비롯한 영국 연방 국가 사람들은 자기네끼리 영어로 소통하며 모인다. 스페인, 멕시코, 아르헨티나 같은 남미의 나라 사람들은 스페인어 문화권인지라 자기네끼리 뭉친다. 독일과 오스트리아, 스위스 등 중앙 유럽의 독일어권 사람들은 또 그쪽으로 모인다. 요즘은 중국 사람들이 많이 진출해서 중국, 타이완, 홍콩, 말레이시아, 싱가포르 등 중국어를 하는 사람들끼리 모인다.

그러다 보니 한국인과 일본인만 따로 외톨이가 되는 경향이 있다. 그러한 글로벌 환경에서 한국인의 입지를 높이고 리더십과 협상력을 발휘한다는 것이 결코 쉽지만은 않다. 그럼에도 이것은 우리가 넘어야 할 벽이다.

어떻게 하면 언어와 문화의 장벽을 넘어 그들 틈으로 파고들어 함께할 수 있을지를 고민하자. 그들의 언어와 문화를 배우고 익히는 것은 기본 사항일 것이다. 소통할 준비를 했다면 용기를 내어 도전하고 시도해야 한다.

글로벌 무대가 우리를 애국자로 만든다

중국이 개혁 개방을 하자 수많은 해외 직접투자가 중국으로 몰려들었다. 나는 이러한 거대한 자금을 한국에 투자시켜야 한다는 주장을 꽤 오래 전부터 해왔다. 외국인 직접투자Inward Foreign Direct Investment를 유치해 생산 시설에 투입하고, 선진 경영 기법과 기술을 습득함은 물론 고용 창출을 늘려야 한다. 이는 글로벌 경쟁 시대에 우리가 발돋움할 수 있는 아주 좋은 전략이다.

중국과 베트남에 비해 우리나라는 공장 부지나 인건비가 비싸고, 노동 환경이 경직되어 있는 탓에 해외 직접투자를 유치하기가 쉽지 않은 건 사실이다. 하지만 어려운 여건에도 불구하고 한국만이 갖고 있는 많은 장점들이 있는 것을 부정할 수 없다. 전략을 잘 짜서 협상력을 발휘한다면 글로벌 무대에서 양질의 외국인 직접투자를 유치하는 것이 어려운 일만은 아니란 뜻이다.

그런 이유로 나는 치열하게 타이완이나 중국, 베트남과 경쟁해서 우리나라에 3개의 공장을 투자시키는 데 성공했다. 펌프 산업 분야에서는 우리나라에 세계 최고의 기술과 품질을 정착시켰다. 다수 임직원의 일자리를 창출했고, 전국에 대리점을 개설하여 많은 이들이 펌프 산업에 종사할 수 있게 했다는 것은 큰 보람이다. 한국그런포 스펌프 임직원들과 대리점 가족까지 합쳐보면 상당히 많은 수의 사람들이 양질의 일자리를 갖고 행복하게 생계를 이끌어가고 있기 때문이다.

글로벌 무대에 쏟아져 나오는 투자 자금과 신기술, 신사업 모델을 우리나라에 유치할 수 있도록 노력해야 한다. 해외 직접투자를 유치해서 선진 제품과 경영의 노하우를 우리 것으로 만들고 그것을 업그레이드 해, 다시 글로벌 무대로 나아가는 것이다. 모두가 뛰어드는 넓은 무대에 우리가 주인공으로 설 수 있는 주효한 전략과 방법을 실행해야 한다.

글로벌 일류 기업을
만드는 리더십은
무엇이 다른가

국경을 넘어 세계로 무대가 넓어진 세상, 거대한 글로벌 무대에서 일류 기업이 되려면 어떻게 해야 할까? 글로벌 일류 기업은 어떤 리더십과 경영자를 필요로 할까?

세계무대의 승자 기업은 무엇이 다른가

세계에서 손꼽히는 기업들을 방문해 그곳의 경영자들을 만나 보면 몇 가지 공통점이 있다.

첫째, 반드시 차별화된 제품이나 서비스를 제공하거나 이 세상에 없던 새로운 아이디어를 사업 모델로 하고 있다는 점이다. 알고 보면 누구나 할 수 있을 것 같은 새로운 아이디어를 가장 크게The Most or Largest, 그리고 가장 최고The Best가 아니라 가장 먼저The First 해냈다.

글로벌 무대에서 일류를 추구하는 기업은 남들이 미처 생각하지 못한 것을 상상하고, 실현 가능할 것 같지 않은 꿈을 현실화한다. 그 사례를 들어보자. 아마존의 제프 베조스는 지금 하고 있는 사업에서 수익을 내는 이유가 미래에 우주 개발의 꿈을 실현하기 위해서라고 말한다. 테슬라 모터스의 일론 머스크도 스페이스X를 창업해 우주 개발의 미래를 열어가고 있다.

스마트폰과 아이패드를 세상에 처음 내놓은 애플의 스티브 잡스, 윈도우를 출시한 마이크로소프트의 빌 게이츠 역시 늘 새로운 시도를 최초로 하며 산업의 패러다임을 바꾸었다. 우버Uber, 에어비앤비Airbnb, 레고Lego 등의 기업도 마찬가지다.

둘째, 더욱 중요한 공통점은 기업의 철학이 확고하다는 것이다. 그들은 기업의 이념과 목적, 비전, 가치관이 뚜렷하여 산업과 국가의 발전에 기여한다. 나아가 인류를 위하여 각 부문에서 각 사의 핵심 가치를 실행하고 있다. 그리고 그것을 조직 구성원들에게 끊임없이 설파함으로써 기업이 지향하는 바를 공유한다.

셋째, 투명성과 진정성이 바탕이 된 리더십으로 독창적인 기업문화가 뿌리내리도록 하고 있다.

새로운 아이디어나 사업 모델은 사업의 규모를 확장시켜서 글로벌 일류 기업으로 성장할 수 있는 기회를 창출시킨다. 성장의 씨앗이 되는 셈이다. 기업철학은 지속가능경영을 통해 장수하는 기업이 되는 토대다. 혁신적 아이디어와 사업 모델로 사업을 크게 성장시켜서 돈을 많이 벌고 유명해진 기업도 철학이 부재해 장수하지 못하고 사라져가는 경우가 무수히 많기 때문이다.

국경 없는 비즈니스의 세계, 글로벌 리더의 조건

그렇다면 글로벌 기업의 경영자가 되기 위해서는 특히 어떤 자질과 조건이 필요한 것일까?

먼저 세계의 각 지역마다 서로 다른 지역 고유의 문화와 사람들의 특징을 이해하고 포용하는 능력이 필요하다. 통상 세계 시장을 미주는 북미지역·남미지역으로, 유럽은 북유럽·중부유럽·남부유럽·동부유럽으로 나눈다. 아시아의 경우 중국은 별도 지역이고, 동북아시아, 동남아시아, 중동 및 서남아시아 그리고 오스트레일리아와 뉴질랜드의 오세아니아 등으로 나눈다.

이렇게 구분된 지역Region이나 클러스터Cluster에 따라 차별화된 전략으로 각 지역 고유의 특성을 관리해야 한다. 왜냐하면 각 지역의 사람들이나 문화 그리고 종교 등의 특성이 많이 다르기 때문이다.

그 지역 고유의 전통과 문화와 잘 어우러지도록 각기 다른 시장에 진입하는 전략, 고객을 응대하고 대화하는 방식을 치밀하게 연구해야 한다. 기업이 지역 사회를 포용하면서 함께 발전하도록 노력하는 것은 글로벌 경영자에게는 대단히 중요한 덕목이다.

그다음으로 중요한 조건은 다차원적 사고방식이다. 글로벌 리더는 '나' 자신 외에 동료, 부하직원, 상사, 나아가 회사, 고객, 국가와 사회, 더 멀리는 '글로벌 전략'과 '인류'까지도 생각하는 다차원적 사고가 필요하다.

예를 들어 덴마크 그런포스 그룹의 글로벌 CEO였던 옌스 요겐 매슨은 재무회계 및 컨트롤러로서의 전문성을 가진 것 외에 전 세계를 조감도로 떠서 볼 수 있을 정도의 다차원적 사고를 하며 리더십을 발휘했다. 심지어 전문 피아니스트에 가까운 연주 능력과 사교 모임에서의 댄스 능력도 대단한 수준이다.

현재 그런포스의 글로벌 CEO로 있는 매즈 니퍼는 마케팅 영역의 전문가이며, 탁월한 언어능력과 상대방에게 영감을 불러일으키는 리더십으로 유명하다. 전 직장인 '레고'에서는 회사가 어려울 때 고비를 딛고 재도약을 하는 데 큰 기여를 했다. 전 세계 마켓을 읽는 눈, 위기를 헤쳐 나가는 돌파력 등 다차원적 사고와 능력 덕분에 가능한 성취이다.

어느 일요일 아침, 스티브 잡스가 구글 부사장에게 전화를 해서 구글Google 로고 두 번째 'O'자의 노란색 색상이 이상하니 점검해보라고 한 일화는 매우 유명하다. 타 기업 로고의 색깔까지 점검하는 디테일함이 놀랍지 않은가. 이는 전체 숲을 보는 거시적 안목을 지님과 동시에 세부적인 디테일도 놓치지 않고 다차원적 사고를 하는, 세계적인 CEO의 모습을 보여주는 단적인 사례다.

글로벌 리더가 되려면 영어 소통능력부터

국경 없는 비즈니스의 세계에서 우리가 주인공이 되지 못할 이유가 없다. 그러기 위해서는 두려움 없이 도전하는 의지나 결심이 중요하다. 하지만 더 중요한 것은 글로벌한 환경에서 기업을 이끌 수 있는 리더를 양성하는 것이다.

글로벌 리더가 되기 위해서는 앞서 말한 조건들을 갖추는 게 기본이다. 그다음으로 중요한 조건은 영어 소통능력이다. 마이크로소프트, 구글, 펩시Pepsi의 CEO들은 모두가 인도 출신이다. 유독 인도인들이 글로벌 기업의 CEO로 발탁되는 이유는 무엇일까? 많은 사람들이 '영어' 소통능력을 그 이유로 꼽는다.

글로벌 리더라면 당연히 국제 공용어인 영어를 사용해 효과적인 의사소통을 하고 리더십을 발휘해야 한다. 우리나라 사람들이 훌륭한 능력을 갖고 있으나 글로벌 리더로서 도약하지 못하는 이유는 바로 영어소통능력 때문이다. 많은 젊은이들이 영어 학습에 대한 어려움을 느끼고 스트레스를 받는데 나는 우리들의 '콩글리시'가 아주 훌륭한 영어라고 생각한다.

예를 들면 인도사람이나 프랑스사람의 영어는 알아듣기가 매우 어렵다. 싱가포르 사람들의 '싱글리시'도 이태리, 호주, 독일 사람들의 영어도 억양이 매우 불편하게 들린다. 일본사람들은 영어 발음이 잘 되지 않아 영어에 일종의 공포감까지 갖고 있다. 상대적으로 비교하면 우리의 '콩글리시'는 발음이나 문법적으로나 정말 최고의 영어다.

외국어를 잘하기 위한 선행 조건은 '자신감'이다. '혹시 틀리게 말하면 어떡하지?', '문법에 어긋난 건 아닌가?', '내 발음이 정확하지 못하면?' 같은 걱정은 할 필요가 없다. 많은 사람들이 오랫동안 영어를 공부하고도 실력이 늘지 않는 건 이런 이유들 때문이다. 그냥 자신 있게 이야기하면 된다. 한국말은 우리가 그들보다도 훨씬 잘하지 않는가. 외국인으로서 외국어가 조금 서툰 것은 당연하다.

우리 세대의 사람들이 영어 공부를 할 때는 지금보다 환경이 아주 열악했지만 나는 독학한 영어로 세계무대에서 협상하고 리더십을 발휘하고 스피치하는 데 전혀 불편함이 없었다. 그래서 영어를 쉽게 습득하는 나만의 방식을 소개해볼까 한다.

나는 어려서부터 영자 신문의 헤드라인과 해설판을 매일 읽고 외웠다. 그리고 평생 동안 꾸준히 〈타임〉과 〈포춘〉의 표지글Cover Story과 편집장의 글을 읽고 있다. 체육관이나 집에서 종종 CNN이나 Fox 뉴스를 보며 아나운서들의 표준 발음을 듣고 흉내 낸다. 하루에 10분 내지 30분씩만 투자하면 2~3년 후에는 자연스럽게 영어를 구사할 수 있을 것이다.

단, 하루도 쉬면 안 된다. 매일 10분 내지 30분을 투자해야 하며 단어가 아닌 문장을 통째로 외워야 한다. 언어 습득에서 가장 중요한 건 꾸준함이다.

비즈니스 세계는 국경이 없어지고 있다. 그 세계는 글로벌 역량이 있고 자신감 넘치는 도전적인 리더들을 원하고 있다. 우리에게 손짓

하는 글로벌 무대로 나아가자. 다양한 세상을 넘나들며 종횡무진 활동하는 글로벌 리더가 더욱 많아지길 기대해본다.

거대한 글로벌 무대가
기다린다

비즈니스 세계에서는 국경을 넘어 세계가 하나의 무대로 통합되고 있으며, 글로벌 무대는 능력 있고 도전적인 리더들을 기다리고 있다. 그렇다면 글로벌 무대에서 자신의 능력을 펼치고자 하는 젊은 이들은 '진정한 글로벌 인재'로서 어떤 준비를 해야 할까? '글로벌 무대'에서 진정으로 필요로 하는 것은 무엇일까?

공간의 경계를 넘어서자

글로벌 세상에서는 공간, 시간, 지식의 틀에 갇히지 말고 경계를 넘어서는 준비를 해야 한다. 동양의 고전 《장자(莊子)》 〈추수편〉의 고사를 인용하여 세 가지 경계를 넘어서보자.

우물 안에 있는 개구리에게 바다에 대해서 이야기할 수 없다(井蛙不可以語海 拘於虛也, 정와불가이어해 구어허야). 왜냐하면 우물이라는 공간 속에 갇혀 있어서 저 드넓은 바다를 알 수가 없기 때문이다.

지금 우리는 비행기로 1~2시간이면 중국이나 일본에 갈 수 있다. 태평양을 건너가야 하는 미국이나 시베리아 대륙을 가로질러 가야 하는 유럽도 불과 10~13시간이면 도착할 수 있다. 또한 인터넷과 네트워크의 발달로 전 세계가 실시간으로 소통하며 소식을 나누고, 정보를 교환한다. 공간의 제약이 풀린 지 오래다.

그러나 이런 환경에서 자신의 잠재력을 발휘하고, 전 세계인과 어깨를 나란히 하는 글로벌 인재가 되려면 그 준비 또한 철저해야 한다. 우선 언어다. 언어에서 소통이 막히면 아무리 능력이 있어도 글로벌 무대에서 협상력과 리더십을 발휘하기 어렵다. 공간의 경계를 넘어서기 위해서는 효과적인 의사소통이 필수적이며 성공의 시작은 국제 공통어인 영어에 달려 있다.

시간의 경계를 넘어서자

여름 벌레에게 얼음에 대해서 이야기할 수 없다(夏蟲不可以語氷 篤於時也, 하충불가이어빙 독어시야). 왜냐하면 여름이라는 시간에 갇혀 있어서 경험하지 않은 겨울의 추위와 얼음을 알지 못하기 때문이다.

같은 시간도 어떻게 활용하느냐에 따라 그 효용과 가치가 달라진다. 즉, 시간 경영을 어떻게 하느냐에 따라 인생이 달라진다. 하루를 48시간처럼 쓰는 사람이 있는가 하면 한 달을 하루의 값어치도 없게 쓰는 사람이 있다. 기회의 문은 시간을 소중히 하는 사람들에게 더 활짝 열릴 것이다.

시간이라는 보이지 않는 경계를 넘어서서 젊은이는 더 성숙하게, 노년은 더 젊게 사는 것이 중요하다. 유럽이나 미국의 젊은이들은 이미 30대에 글로벌 무대에서 책임자 자리에 오르고, 40대가 되면 세계적 기업의 회장이 된다. 프랑스나 미국에서는 30, 40대에 대통령에 선출되어 세계적인 리더십을 발휘한다.

반면에 은퇴 세대는 연령을 늦춰서 훨씬 더 많은 활동을 해야 한다. 미국의 트럼프 대통령은 72세에도 글로벌하게 활동하고 있으며, 피터 드러커는 90세가 넘도록 "나에게 은퇴란 없다"라며 현역으로 활동했다. 우리나라에서 존경받는 철학자이자 수필가인 99세의 김형석 교수님은 "인생을 살아오면서 어느 기간이 가장 행복했느냐"는 질문에 "65세부터 75세까지가 가장 행복한 기간이었다"고 답하셨다. 그 연세에《백년을 살아보니》라는 책도 출간했다.

지식의 경계를 넘어서자

편협한 지식인에게 도의 세계를 이야기할 수 없다(曲士不可以語道

束於教也, 곡사불가이어도 속어교야). 자기가 아는 지식만이 옳다고 믿는 이는 다른 사람의 생각을 수용할 아량이 없기 때문에 균형 잡힌 지식을 쌓을 수가 없다. 지식이란 본디 끊임없이 낯선 세계를 만나며 새로이 깨달음을 얻는 과정에서 확장된다. 하지만 '내가 아는 것만이 옳다'라고 믿으면 더 이상 배울 것도 깨달을 것도, 발전하고 나아질 것도 없어진다.

21세기의 지식은 시간과 공간의 장벽 없이 실시간으로 교류하며 시너지를 낸다. 나만이 옳다는 독선, 한쪽으로 치우친 편협한 사고에 자신을 가두지 말자. 틀을 깨고 열린 자세로 대한다면 모든 분야의 협업이 가능하고 무궁무진한 기회를 만날 수 있다. 네트워크로 모두가 연결된 평평한 세상과 국경 없는 일터, 이러한 글로벌 시대에는 공간과 시간과 지식의 경계를 뛰어넘는 사람들이 승자가 될 것이다.

젊은 세대는 더욱 성숙한 태도를 갖고, 기성세대는 더욱 젊은 마음으로 도전했으면 좋겠다. 한국의 젊은이들이 드넓은 글로벌 무대에서 멋지게 활약하고, 기업인들은 지속가능 경영을 통한 장수기업의 목표를 이루기를 기원한다.

평생 기업을 일궈온 CEO로서 단행본을 처음 저술하는 도전을 통해 또 많은 것을 배울 수 있었다. 책을 통해서 독자들과 만난다는 설렘과 기쁨에 앞서 한 페이지 두 페이지 글을 쓸 적마다 두려움이 앞섰다. 그러나 부족한 모습 그대로 내보이려 한다. 탁월한 내용과 수

려한 문장이 아니더라도, 지적을 받고 비평을 받더라도 해냈다는 그 자체로 아름다운 도전이고 용기라는 생각이 들어서 감히 출판을 결정했다. 많은 날들을 밤잠 설치며 고생했지만 결실을 맺을 수 있어 보람이 있다. 무엇보다 또 하나의 새로운 도전과 배움에 감사한 마음이다.

한 권의 책이 탄생하기까지 많은 분들의 도움이 있었다. 〈이코노미스트〉 남승률 편집장의 제안으로 오랜 기간 CEO 에세이를 기고했는데, 그 자료들이 책을 저술하는 기초가 되었다. 〈포브스〉의 권오준 편집장과 〈매경이코노미〉 김소연 편집장에게서는 언론과 출판에 관해 좋은 공부를 할 수 있었다. 책을 쓸 수 있는 용기를 준 블루페가수스의 조자경 사장과 유귀훈 사사 작가, 전문가적인 조언을 해준 최서윤 편집장, 그리고 원고 정리에 도움을 준 강수진 비서에게 감사를 드린다.

103세의 어머님께 첫 단행본을 헌정하고 싶다.

테헤란로 사무실에서

이강호